Mmmhm

DANKE, GUT WAR'S

DORABERG
VERLAG

Impressum:

Druck: Print Alliance, Bad Vöslau

1. Auflage

ISBN 978-3-9503847-7-2

www.doraberg.at

DANKE, GUT WAR'S
DORIS BERGER
JÜRGEN LAUTHNER
CATHERINE ROIDER

INHALT

Die Rezepte sind, wenn nicht anders angegeben, für vier Personen berechnet.

VON DER LIEBE ZUM ESSEN

—

... kam irgendwann die Liebe zum Kochen. Oder war's umgekehrt? Mit Bestimmtheit weiß ich nur, dass Essen und Trinken schon bei meinen Eltern einen hohen Stellenwert hatten. Meine Mama war und ist eine hervorragende und unglaublich schnelle Köchin, mein Vater war ein (nicht kochender) Genussmensch, von dem wir nicht zuletzt auch eine gewisse Affinität zum Wein erben durften.

Mein Bruder und ich halfen schon als Kinder in der Küche mit – ob freiwillig oder nicht, kann ich gar nicht mehr sagen. Jedenfalls führten diese „niederen Dienste" wie Salat waschen, Erdäpfel schälen, aufdecken und Geschirr abtrocknen dazu, dass spannendere Aufgaben nicht lange auf sich warten ließen. Bald schon durfte ich Kekse und Mehlspeisen verzieren, Salate marinieren, die gerösteten Erdäpfel zum samstäglichen Rindfleisch zubereiten, bei Süßspeisen assistieren und auch den Obstsalat schnipseln. Spätestens, als ich für die Bolognese die Verantwortung übernahm und allerspätestens, als ich meinen ersten Kuchen („des Kaisers Zwetschenkuchen" hieß der) selber backen durfte, war meine Liebe zum Kochen endgültig besiegelt.

Kaum verwunderlich also, dass ich mir bereits als junges Mädchen zum Geburtstag eigene Kochtöpfe, Schneekessel und allerlei Küchenutensilien wünschte. (Naja, Schallplatten schon auch!) Gerätschaften, die mich seit damals begleiten,

selbst durch kleinste Kochecken und Miniküchen. Einige Jahre später kam mein Partner Dieter in mein Leben, aber auch in meine Küche, weil er – Schicksal? Fügung? – ebenso begeistert von Kulinarik, Kochen und Wein war wie ich. Nach einer langen küchentechnisch sehr beengten Zeit, die uns zumindest platzmäßig Sparsamkeit lehrte, erfüllten wir uns beim Hausbau einen gemeinsamen Traum: Eine Art Werkstatt, groß genug für zwei Köche sowie ausreichend Platz für Aufschnitt-, Küchen- und Espressomaschine, jede Menge Geschirr, Weingläser und für mehr oder weniger sinnvollen Küchenschnickschnack, den man „unbedingt", zumindest jedoch „bestimmt irgendwann" braucht.

Schon immer kochen wir oft und mit Freude für Viele: Familie, Freunde und Gäste scheinen sich recht wohlzufühlen und leisten uns gern Gesellschaft in der Küche. Das ist insofern wichtig, weil wir sie auch beim Kochen gern in unserer Nähe haben und vor dem Essen mit Aperitifs und kleinen Naschereien versorgen. Das hat drei gute Gründe: Erstens ist es gemütlich, zweitens servieren wir gleich ein paar Kostproben oder Tapas und können auf diese Weise neue Gerichte ausprobieren. Vor allem aber merkt niemand, dass wir mit unseren Kochvorbereitungen wieder einmal in Verzug sind, und der erste Hunger wird schon gestillt, während wir noch mit Töpfen und Pfannen hantieren.

Sie sehen schon: Kochen hat selten mit Perfektion zu tun. Wohl mit dem Streben danach, vielmehr allerdings mit der Art und Weise, wie man scheitert. Manchmal sind gewisse Zutaten nicht vorrätig, sodass man von vornherein improvisieren muss. Vermeintliche Missgeschicke führen oft zu interessanten Variationen und außerdem soll und darf gerade in der Küche nach Lust und Laune probiert und gustiert werden. Gewisse Grundkenntnisse sind hilfreich, aber keinesfalls Bedingung, um Spaß am Kochen zu haben.

Womit ich bei der Idee für dieses Kochbuch bin: Mit meinen größtenteils recht einfachen Rezepten möchte ich jenen Mut machen, die sich bisher nicht so recht ans Kochen herangewagt haben, und den Routinierteren einige meiner Lieblingsrezepte ans Herz legen. Ich will meine Begeisterung fürs Kochen mit Ihnen teilen und Sie dazu animieren, Neues zu entdecken, Vielfalt in Ihren Küchenalltag zu bringen und Freunde auf diese kulinarische Reise mitzunehmen.

Lassen Sie sich inspirieren, verwöhnen Sie sich selbst und Ihre Lieben!

Das wünscht sich und Ihnen
Ihre Doris Berger

Mischen Possible

– SALATE –

Bunter Paradeiser-Salat mit Basilikum-Pesto

—

30 Minuten

Zutaten:

¾ kg verschiedene Paradeiser (grüne, gelbe, rote, braune, Fleisch-, Cocktail-, Eierparadeiser, einzeln und an der Rispe)
1 EL Aceto balsamico
2 EL Olivenöl
1 Bio-Zitrone
Salz, Pfeffer

für das Basilikum-Pesto:

5 dag Basilikum
1 EL geriebene Haselnüsse
120 ml Olivenöl
Salz

Zwei Paradeiser-Rispen im vorgeheizten Rohr bei 200 °C ca. 15–20 Minuten backen, danach etwas auskühlen lassen. Währenddessen die restlichen Paradeiser je nach Größe in Scheiben schneiden, halbieren oder vierteln.

Für das Basilikum-Pesto das grob geschnittene Basilikum mit Öl, Nüssen und Salz in einem Standmixer fein pürieren. (Nicht verwendetes Pesto in ein Schraubglas füllen. Es hält im Kühlschrank mehrere Tage.)

Die kalten und die noch lauwarmen Paradeiser auf Tellern anrichten, kräftig salzen, pfeffern, mit der abgeriebenen Zitronenschale würzen, mit Zitronensaft und Pesto beträufeln. Eventuell noch ein wenig Olivenöl extra dazu reichen.

Das Besondere an diesem Salat sind die unterschiedlichen Geschmäcker verschiedener Paradeisersorten und deren Zubereitung (roh und gegart), sodass die jeweiligen Aromen voll zur Geltung kommen. Der Salat ist eine feine Beilage zu Gebratenem oder Gegrilltem. Als Vorspeise oder leichtes Hauptgericht serviere ich ihn mit Ziegenfrischkäse, Burrata oder Büffelmozzarella mit frischem Basilikum.

Winterlicher Salat mit Speckkrusteln

—

20 Minuten

Zutaten:

2 Handvoll Winterportulak, Spinat oder Rucola
1–2 Häupel Radicchio oder Treviso
1 kleiner Fenchel
1 Orange
15 dag gewürfelter Bauchspeck
einige Granatapfelkerne

für die Marinade:

je 1 EL Weinessig und Aceto balsamico
2 schwache TL Dijonsenf
5 EL Olivenöl
Salz, Pfeffer

Die Orangen filetieren: Dazu die Frucht flott schälen, sodass auch die weiße Haut entfernt wird. Filets entlang der Zwischenhäutchen herausschneiden (dazu verwende ich ein Tomaten- oder Gemüsemesser mit feinem Wellschliff, damit geht's leichter) und den Saft in einer Schüssel auffangen.

Vom Fenchel den Strunk entfernen und in Streifen schneiden. Salate waschen und gut abtropfen lassen bzw. schleudern. Den Bauchspeck in einer Pfanne rösten.

Die Zutaten der Marinade mit dem Orangensaft verquirlen und mit Salat sowie Fenchel vermischen. Auf Tellern anrichten, mit den Orangenfilets, den Granatapfelkernen und den gerösteten Speckwürfeln bestreuen.

Ich mische gerne unterschiedliche Salatsorten – nicht nur wegen des Geschmacks, sondern auch wegen der unterschiedlichen Konsistenz der Blätter.

Winterliche Salate wie Radicchio, Treviso, Endivie, Chinakohl und Chicorée ergänze ich gerne mit Nüssen oder Früchten, welche die bitteren Geschmacksnoten gut auffangen und abrunden.

Salatherzen mit Schimmelkäse und karamellisierter Birne

—

15 Minuten

Zutaten:

4 kleine Salatherzen
15 dag Gorgonzola oder anderer Schimmelkäse
2 Birnen
1 ½ EL Butter
1 EL Kristallzucker
1 Handvoll Walnüsse

für die Marinade:

1 EL Weinessig
1 EL Apfelbalsamico (oder Aceto balsamico)
je 2 EL Walnuss- und Olivenöl
Salz, Pfeffer

Die Birnen achteln und das Kerngehäuse entfernen. Ich schäle sie nicht, obwohl das eleganter aussieht, weil in der Schale die feinsten Aromen stecken. Die Butter in einer Pfanne erhitzen und die Birnen darin anbraten, bis sie eine leichte Bräune annehmen. Vor dem Wenden mit Kristallzucker bestreuen. Dieser löst sich in Butter und Birnensaft gut auf und ergibt somit eine leicht karamellige, nicht zu süßliche Note. Achten Sie darauf, dass die Birnen nicht zu weich werden.

Die Zutaten der Marinade verquirlen. Wenn Sie kein Walnussöl haben, können Sie getrost auch nur Olivenöl verwenden. Die Salatherzen halbieren, den Schimmelkäse schneiden oder in Stücke teilen und mit Walnüssen anrichten. Die Marinade darüberträufeln und mit den Birnen garnieren.

Schüttel-Salat mit Linsen und Feta

—

30 Minuten
+ 25 Minuten Kochzeit für die Linsen

Zutaten:

1 Tasse Belugalinsen
½ Bund Jungzwiebeln
1 große Rote Rübe, gekocht und geschält
½ Gurke
1–2 Pfirsiche
1 Bund Rucola
30 dag Feta

für die Marinade:

1 EL Aceto balsamico
2 EL Weinessig
6 EL Olivenöl
Salz, Pfeffer

Die Belugalinsen 25 Minuten in Salzwasser kochen und auskühlen lassen. Mit den klein geschnittenen Jungzwiebeln vermischen und in ein großes Einmachglas (oder Glas mit Deckel) füllen. Rote Rübe, geschälte Gurke und Pfirsiche würfeln. Die Rote Rübe auf die Linsen, danach die mit den Gurken vermischten Pfirsiche und darüber den grob zerkleinerten Rucola schichten. Mit dem gewürfelten Feta toppen.

Alle Zutaten der Marinade in ein Schraubglas füllen. Unmittelbar vor dem Servieren kräftig schütteln, bis die Marinade emulgiert, ins große Glas gießen, den ganzen Salat vorsichtig durchschütteln und auf Tellern anrichten.

Ein Schüttelsalat (bzw. Shaking Salad) eignet sich ganz hervorragend für ein Picknick oder ein Essen im Grünen. Dazu die einzelnen Zutaten bereits portionsweise zum Beispiel in Marmelade- oder Gurkengläser füllen und gut kühlen.

Fenchel-Orangen-Salat

—

20 Minuten

Zutaten:

2 Fenchelknollen
2 Orangen
2 EL gehackte Walnüsse
1 EL Weinessig
4 EL Olivenöl
Salz, Pfeffer

Den Strunk aus den Fenchelknollen entfernen und das Gemüse mit einem sehr scharfen Küchenmesser in feine Streifen schneiden. Die Orangen filetieren (wie auf Seite 17 beschrieben).

Den Orangensaft mit Essig, Olivenöl und den Gewürzen zu einer Marinade verrühren und mit den Fenchelstreifen und den Orangenfilets vorsichtig vermischen. Mit den Walnüssen und abgezupftem Fenchelgrün anrichten.

Eine kleine Portion dieses Salates - ohne Walnüsse - serviere ich ganz gerne bei einer Einladung als kleine Erfrischung zwischendurch oder um die Wartezeit auf die Hauptspeise zu verkürzen. Oft verwende ich statt der Orangen auch Grapefruits, das unterstreicht die etwas bittere, aber appetitanregende Note des Fenchels.

Extravaganter Spinatsalat mit Prosciutto

—

30 Minuten

Zutaten:

20 dag Spinat
12 Stangen grüner Spargel
6 Eierparadeiser
8 Scheiben Prosciutto crudo
4 EL grob gehobelter Parmesan
1 Handvoll Basilikum
Olivenöl, Pfeffer

für das Dressing:

3 EL Olivenöl
2 EL Zitronensaft
2 TL Zucker
Salz, Pfeffer

Die Paradeiser halbieren und mit der Schnittfläche nach oben auf ein Backblech legen, daneben den Prosciutto. Beides mit Olivenöl besprenkeln und etwas Pfeffer darübermahlen, die Paradeiser zusätzlich salzen. Im vorgeheizten Backrohr bei 180 °C etwa 20–25 Minuten backen, bis der Prosciutto knusprig und die Tomaten zartweich sind.

In der Zwischenzeit den Spargel in Salzwasser bissfest kochen und das Dressing gut verrühren. Den Spinat und den Spargel mit den Paradeisern auf Tellern auftürmen, mit Parmesan und den Prosciutto-Platten belegen und das Dressing über den Salat träufeln. Zum Schluss mit Basilikum garnieren.

Mein Garten lehrt mich Warten, Staunen und Gelassenheit. Die Vielfalt des Grüns zieht viele Gäste an, manche willkommen, andere geduldet.

Salat aus Rosenblättern

—

10 Minuten

Zutaten:

2 Salatherzen
2 Handvoll Rosenblüten

für die Marinade:

2 EL Zitronensaft
3 EL Olivenöl
1 TL Staubzucker
Salz

Die Rosen müssen aus einem „vertrauenswürdigen" Garten kommen, weil sie selbstverständlich nicht gespritzt sein dürfen. Ich habe das Glück, dass ich in meinem Garten alte, englische Rosen gepflanzt habe, die nicht nur unbehandelt sind, sondern darüber hinaus einen betörenden Duft verströmen. Den schmeckt man auch.

Von den Salatherzen möglichst nur die gelben Blätter verwenden und in etwa ½ cm breite Streifen schneiden. Die Rosenblätter abzupfen. Die Zutaten der Marinade verquirlen und direkt vor dem Servieren alles vermischen.

Wenn man nicht genug Rosenblätter für einen ganzen Salat zur Verfügung hat, dann lohnt es, zur Abwechslung ein paar Blütenblätter über einen grünen Salat zu streuen.
Die samtig weiche Konsistenz der Rosenblätter wird Sie überraschen – und mit der Farbe der Blüten wird jeder Salat zum Hingucker.

Gib-mir-alles-was-du-hast Bowl

—

10 Minuten

Zutaten für 1 Portion:

1 kleines Salatherz
verschiedene Gemüse wie Radieschen, Paprika, Gurke, Karotte, Paradeiser, Zucchini, Champignons, Kohlrabi, Weißkraut, Blaukraut, Erbsenschoten – was immer sie noch in der Gemüselade oder im Garten finden
1 großer EL Hummus
Petersilie, Kresse oder Schnittlauch
1 ½ EL Weinessig
3 EL Olivenöl
Salz, Pfeffer

Salat waschen und in mundgerechte Stücke teilen. Die Gemüse schneiden. Zu diesem eher „gemüsigen" Salat passen auch gut Obstschnitze wie Apfel, Birne, Pfirsich oder Beeren. Seien Sie mutig und probieren Sie verschiedene Kombinationen aus!

Wenn Sie keinen Hummus haben, dann verwenden Sie einfach etwas Topfen, Feta, Hüttenkäse oder Mozzarella. Selbstverständlich eignen sich auch Fleischreste vom Vortag oder ein gekochtes Ei hervorragend, um aus diesem Salat eine sättigende Mahlzeit zu machen.

Die Zutaten in einer tiefen Schüssel anrichten. Essig, Öl und die Gewürze zu einem Dressing verrühren und über die Bowl träufeln. Mit gehackten Kräutern bestreuen.

Käferbohnen-Presskopf-Salat mit Kernöl

—

15 Minuten
+ 30 Minuten Kochzeit für die Bohnen

Zutaten:

¼ kg Käferbohnen
1 Bund Radieschen
1–2 Scheiben Presskopf oder Sulz

für die Marinade:

4 EL Weinessig
4–6 EL Kürbiskernöl
Salz, Pfeffer
Schnittlauch

Die Käferbohnen in der etwa drei- bis vierfachen Menge Wasser über Nacht einweichen. Die Bohnen gut mit kaltem Leitungswasser abspülen und kochen, bis sie weich sind. Das dauert etwa eine halbe Stunde.

Radieschen waschen und in dünne Scheiben, den Presskopf in Würfel schneiden. Beides mit den Bohnen und der Marinade vermischen. Großzügig mit Schnittlauch bestreuen und je nach Geschmack noch zusätzlich Kernöl reichen.

Diesen Salat mache ich gerne für eine kalte Jause, wenn wir eine größere Runde sind. Beim ersten Mal kochte ich allerdings viel zu viele Bohnen. So hatte ich Gelegenheit, mit den Käferbohnen ein wenig zu experimentieren. Ergebnis war ein köstlicher Hummus aus pürierten Bohnen, Salz, Piment d'Espelette sowie Kreuzkümmel, etwas Olivenöl und einem Spritzer Aceto balsamico für die nötige Säure. Diese Bohnenpaste schmeckt köstlich als Dip oder als Bestandteil einer Bowl (siehe Seite 31).

Fruchtiger Spinat-Salat mit Prosciutto

—

10 Minuten
+ 20 Minuten Backzeit für den Prosciutto

Zutaten:

30 dag junger Spinat
¼ kg Heidelbeeren
2 Pfirsiche
6 Scheiben Prosciutto

für die Marinade:

je 1 EL Weinessig und Aceto balsamico
4 EL Olivenöl
Salz, Pfeffer

Ein Backblech mit Backpapier auslegen und den Prosciutto darauf verteilen. Im vorgeheizten Backrohr bei 200 °C etwa 20 Minuten backen, bis der Prosciutto knusprig ist. Gegen Ende der Backzeit öfter kontrollieren, damit nichts verbrennt – das geht nämlich recht schnell, wenn die Scheiben dünn sind.

Den Spinat waschen und gut schleudern, damit er möglichst trocken ist. Die Heidelbeeren verlesen, die Pfirsiche in kleine Stücke schneiden. Die Zutaten der Marinade verquirlen und mit dem Spinat und den Früchten vermischen. Den Prosciutto in Stücke brechen und über den Salat streuen.

Grünzeug

Wie viele kleine Wunder und Sensationen in ganz alltäglichen Gemüsen stecken, welch beeindruckende Vielfalt sich uns bietet, selbst wenn wir „nur" auf Lebensmittel aus der Region zurückgreifen! Unsere heimischen Gemüse können es in Sachen Gesundheit spielend mit vermeintlichen Superfoods aufnehmen – insbesondere solchen, die zuerst die halbe Welt bereisen müssen, bis sie bei uns auf dem Teller landen.

Paprika

-

Das Gemüse hat seinen Ursprung in Mittelamerika. Angeblich rührt der Name Paprika (auf englisch „pepper" bzw. „bell pepper") von Christoph Kolumbus' Reisen her, der meinte, in Indien gelandet zu sein und die scharfen Früchte bzw. das Gewürz hätten etwas mit Pfeffer zu tun.

Mit seinen unterschiedlichen Farben, Formen und Geschmäckern hat der Paprika jedenfalls seit damals seinen Siegeszug in Europa angetreten und ist als Gemüse und als Gewürz ein wahrer Alleskönner.

Gesund sind Paprika auch: Das für die Schärfe verantwortliche Capsaicin sorgt quasi für die Desinfektion von Speisen - insbesondere in wärmeren Regionen. Äußerlich angewendet lindert die wärmende Wirkung Muskelschmerz und rheumatische Beschwerden.

Einen exquisiten Geschmack hat Piment d'Espelette: Das Gewürz kommt ursprünglich aus dem französischen Baskonland und wird aus einer Paprikaschote namens „Gorria" gewonnen. Diese feuerroten Chilis werden getrocknet und fein gemahlen. Das Gewürz verfügt über eine pikante Schärfe, ist jedoch viel milder als herkömmliches Chilipulver. In der französischen Küche allgegenwärtig, hat es nach einer Frankreichreise einen Stammplatz in unserer Küche erobert.

Rote Rübe

–

Rande, Rauna, Rohne, Rote Bete

Diese Verwandte des Mangolds und der Zuckerrübe kam mit den Römern nach Mitteleuropa. Noch heute wird ihre auffällige Farbe zum Färben von Lebensmitteln genützt, beispielsweise für rote Pastasorten. Sie färbt natürlich auch Kochschürzen, T-Shirts und Küchenbretter „wunderbar" - aber die Flecken gehen meist gut wieder heraus! (Beim Verzehr größerer Mengen können die Roten Rüben auch Körperausscheidungen verfärben, was jedoch kein Grund zur Sorge ist.)

Der hohe Eisen-, Kalium- und Folsäuregehalt macht Rote Rüben äußerst gesund. Sie sollen freie Radikale einfangen und machen sich gerade bei Sportlern einen guten Namen, weil sie die Regeneration fördern. Wie dem auch sei, Rote Rüben schmecken einfach fantastisch, sowohl roh als auch gekocht oder im Rohr gebacken. Selbst die Blätter mit ihren leuchtend roten Blattadern kommen als Salat oder Kochgemüse zum Einsatz.

Gurke

-

Sie ist eine wahrscheinlich aus Indien stammende Melonenart. Ihr Name bedeutet „die Unreife", was biologisch gesehen völlig korrekt ist, denn wir ernten dieses Gemüse, lange bevor es Samen ausbildet und reif wird.

Ob Salat- bzw. Schlangengurken (stachellos), Feldgurken oder Einlegegurken - sie sind vitaminreiche Alleskönner. Als Snack zwischendurch, als Salat, Gemüse oder als eingelegte Essig-, Senf- oder Salzgurken haben sie ihren festen Platz in der österreichischen Küche.

Die Schale enthält die meisten Vitamine, kann jedoch, insbesondere bei älteren Exemplaren, etwas schwer verdaulich sein. Kein Wunder also, dass man Gurken üblicherweise mit Paprikapulver, Kümmel oder Dille würzt, um diesen Effekt auszugleichen.

Gurken bestehen zu 96 % aus Wasser und sind fast das ganze Jahr über verfügbar. Auch im Garten oder auf dem Balkon wird man mit reicher Ernte belohnt, wenn man auf ausreichend Bewässerung achtet. Andernfalls können die Früchte nämlich bitter werden.

Radieschen

–

Radi & Co.

Ob klassischer Bierradi, Eiszapfen, Radieschen oder schwarzer Rettich: Die vielen verschiedenen Rettichsorten erfreuen uns mit ihrem typischen herb-scharfen bis buttrigen Geschmack und sind ein typischer Begleiter einer guten Jause.

In Stäbchen oder Blättchen geschnitten, geraspelt oder gehachelt - sobald der Rettich oder die Radieschen eingesalzen werden, beginnen diese „zu weinen" und verlieren ihre Schärfe.

Diese entsteht übrigens durch das schwefelhaltige Öl Raphanol sowie Senfölglykoside, welche für die antibakterielle Wirkung verantwortlich zeichnen. Im Rettich enthaltene Bitterstoffe wirken antibiotisch, galletreibend und schleimlösend.

Seit Jahrhunderten werden der Rettich und seine Verwandten als Heilmittel gegen Gicht, Rheuma, Husten und Heiserkeit eingesetzt. Ein ganzer Rettich kann den Tagesbedarf an Vitamin C eines Erwachsenen abdecken und enthält dabei extrem wenig Kalorien (nur 14 kcal auf 100 Gramm). Außerdem liefert er Kalium, Natrium, Magnesium, Kalzium, Phosphor, Eisen und wertvolle Enzyme.

Paradeiser

—

Tomate

Die aus Südamerika stammende Tomate heißt in Teilen Österreichs noch immer Paradeiser. Das leitet sich von der Bezeichnung Paradiesapfel her. Ich versuche, diesen wunderschönen, alten Begriff zu konservieren, damit er nicht in Vergessenheit gerät wie - leider - so manch andere österreichische Preziose unserer Sprache.

Auch die Bezeichnung Goldapfel (italienisch pomo d'oro) ist ein schönes Bild - und auch noch passend, denn eigentlich ist der Paradeiser botanisch eine Frucht, genau genommen eine Beere.

Paradeiser enthalten einen besonderen sekundären Pflanzenstoff, das Lykopin. Nicht nur die Pflanze, auch den Menschen soll es vor zu starker UV-Strahlung schützen, indem freie Radikale auf der Haut neutralisiert werden.

Aromatisch, nährstoffreich und kalorienarm - so ein fantastisches Lebensmittel sollte in keiner Küche fehlen, und zwar insbesondere, weil Paradeiser vor allem in gekochtem Zustand gesundheitsförderlich sind. Die sogenannten „Pelati" (geschälte, vorgekochte Paradeiser in der Dose) sind sowohl praktische als auch gesunde Helferlein für die schnelle Küche.

Kürbis

–

Der Kürbis ist tatsächlich ein waschechter Amerikaner: Im Süden der Vereinigten Staaten, in Mexiko sowie in Süd- und Mittelamerika wurde er als Speisegemüse gezüchtet, wobei ursprünglich in erster Linie die sehr nahrhaften Samen genützt wurden.

Durch Verbreitung des Halloween-Brauchs ist seine Verwendung nicht nur als Dekoration, sondern auch in der Küche bei uns sehr populär geworden. Praktischerweise kann man ihn tatsächlich sowohl für süße als auch saure Gerichte gleichermaßen verwenden. Das hat sein Gutes, denn der Kürbis enthält reichlich Vitamin A und C sowie viele Ballaststoffe.

Die Kerne übertreffen das Fleisch noch bei weitem: Ein hoher Magnesiumgehalt, viel Vitamin E und weitere Inhaltsstoffe sind in der Pflanzenheilkunde willkommen. Bei Blasenproblemen, Prostatabeschwerden bis hin zu Nierensteinen finden sie Anwendung. Das Kernöl wird als „Schwarzes Gold" geschätzt und hat - von der Steiermark ausgehend - inzwischen seinen Siegeszug in der österreichischen Küche angetreten.

Botanisch betrachtet ist der Kürbis eine Beere - und zwar gleich eine der größten der Welt. Es gibt sogar eigene Meisterschaften, bei welchen ein Exemplar mit einem Gewicht von über einer Tonne als Gewinner hervorging.

Sellerie

–

Zeller, Eppich

Für eine gute Suppe ist er unverzichtbar, in der Gemüseküche jedoch wird er ein wenig unter seinem Wert geschlagen. Dabei wurde ihm, man höre und staune, sogar eine aphrodisierende Wirkung zugeschrieben. Ob Knollen- oder Stangensellerie - gesund ist er, mit seinen Vitaminen, Flavonoiden und Mineralstoffen. Kaum bekannt ist der Schnittsellerie, der ähnlich aussieht wie Petersilie und dessen Blätter ausgesprochen aromatisch sind.

Ohne Nudeln geht gar nix

– PASTA –

Linguine Saltimbocca

—

20 Minuten

Zutaten:

40 dag Linguine, Tagliatelle oder Spaghetti
20 dag Prosciutto crudo
1 EL Olivenöl
¼ l Sauerrahm
1 Handvoll Salbei
Pfeffer

Die Kombination von Prosciutto und Salbei ist wirklich einzigartig. Wäre doch zu schade, diese nur für Saltimbocca alla romana (Kalbsschnitzerl) zu nützen, oder?

Pasta al dente kochen. In der Zwischenzeit den Prosciutto in Streifen schneiden und kurz in Olivenöl anbraten. Er sollte noch nicht knusprig sein. Die Salbeiblätter in feine Streifen schneiden und mitbraten.

Wenn die Pasta fertig ist, diese abgießen und sofort in eine große Schüssel geben, Schinken mit Salbei zufügen. Den Rahm verquirlen, unter die Pasta heben und großzügig pfeffern. Salz ist wahrscheinlich nicht nötig, weil dieses der Prosciutto bereits mitbringt.

Geriebener Parmesan muss zu dieser Pasta nicht unbedingt sein, aber es soll Menschen geben, die können nicht ohne …

Fusilli mit doppelt Erbsen

—

20 Minuten

Zutaten:

40 dag Fusilli, Penne oder andere Pasta
30 dag Erbsen (tiefgekühlt)
1 Becher Crème fraîche
4 EL Parmesan
½ Bund Basilikum
Salz, Pfeffer

Die Hälfte der Erbsen ca. 3 Minuten in Salzwasser kochen und kalt abschrecken, damit sie die Farbe behalten.

Pasta al dente kochen. In den letzten 3 Minuten die andere Hälfte der Erbsen mitkochen. Währenddessen ein paar Esslöffel vom Nudelwasser gemeinsam mit den zuvor gekochten Erbsen und der Crème fraîche erhitzen, salzen, pfeffern und fein pürieren (im Standmixer oder mit dem Pürierstab).

Pasta und Erbsen abgießen, mit der Erbsensauce vermischen und mit gehacktem Basilikum garnieren. Mit frisch gehobeltem Parmesan bestreuen und servieren.

Tiefgekühlte Erbsen habe ich immer zuhause, denn mit ihnen lassen sich in Windeseile schnelle Gerichte zubereiten. Ob als Einlage in der Suppe oder wie hier als Bestandteil eines Nudelgerichtes, für gemischtes Gemüse, für Risi-Pisi ... Sie schmecken wunderbar süß, haben eine tolle, frische Farbe, und meine Kinder (sowie der Rest der Familie) lieben sie!

Zucchini-Garnelen-Linguine

—

20 Minuten

Zutaten:

40 dag Linguine
2–3 kleine Zucchini
30 dag Tiefkühl-Garnelen (oder Shrimps)
3–4 EL Olivenöl
2 Knoblauchzehen
etwas Zitronensaft
frische Kräuter (Zitronenverbene, Basilikum oder Petersilie)
Salz, Pfeffer

Die in Stäbchen geschnittenen Zucchini salzen, pfeffern und in 2–3 EL Olivenöl bissfest anbraten, aus der Pfanne nehmen und zur Seite stellen. Die in feine Scheiben geschnittenen Knoblauchzehen bei niedriger Temperatur in derselben Pfanne anlaufen lassen und die aufgetauten Garnelen darin erwärmen.

Währenddessen die Linguine al dente kochen, abgießen und mit den Zucchini zu den Garnelen geben. Nochmals abschmecken und evtl. nachwürzen. Vor dem Servieren mit etwas Zitronensaft, 1 EL Olivenöl und frischen Kräutern vermischen.

Wenn meine Söhne, manchmal noch mit Freunden, aber jedenfalls mit großem Hunger, abends nach Hause kommen, dann soll es natürlich schnell gehen mit dem Essen – und das tut es auch! Denn Garnelen oder Shrimps habe ich meist auf Vorrat eingefroren. So dauert es nicht lange, bis ein einfaches, aber doch feines Pastagericht auf den Tisch kommt. Wenn ich gerade keine Zucchini zuhause habe, verwende ich Tiefkühl-Erbsen oder Brokkoli.

Orecchiette Caprese

—

15 Minuten

Zutaten:

40 dag Pasta (Orecchiette, Penne oder Farfalle)
½ kg Kirschparadeiser
30 dag Mozzarella
1–2 EL Aceto balsamico
4 EL Olivenöl
1 Bund Basilikum
Salz, Pfeffer

Die Pasta al dente kochen. Währenddessen den Mozzarella in Würfel schneiden bzw. in Stücke reißen. Die Paradeiser je nach Größe halbieren oder im Ganzen nur eine Minute in einer großen Pfanne erhitzen. Kräftig salzen und pfeffern. Eventuell mit 1 TL Zucker nachhelfen, um die Süße etwas zu verstärken.

Die abgetropften, heißen Nudeln zu den Paradeisern in die Pfanne geben, rasch mit Mozzarellastückchen, Aceto balsamico und Olivenöl vermischen. Eventuell noch nachwürzen und mit geschnittenem Basilikum servieren.

Im Sommer kann es schon einmal passieren, dass wir alle die Zeit übersehen – beim Gärtnern, Faulenzen, Lesen, Schwimmen oder Spielen. Dann sollte es natürlich schnell gehen mit dem Abendessen. Meine Frage „Was wollt ihr ...?" brauche ich gar nicht fertig auszusprechen, schon tönt es aus allen Ecken „Sommernudeln!" (so heißt das Gericht nämlich in unserer Familie).

Aber nicht nur die schnelle Zubereitung (tatsächlich nur so lange wie die Kochzeit der Pasta), sondern vor allem der Geschmack hat es zum Lieblingsgericht meiner Kinder werden lassen.

Pappardelle al Limone

—

20 Minuten

Zutaten:

- 40 dag Pappardelle, Tagliatelle oder Linguine
- 2–3 Bio-Zitronen
- 2 EL Butter
- 3 Eidotter
- 1 TL Zucker
- Salz, Pfeffer

Die Pasta al dente kochen. Wenn Sie zufällig etwas Zitronenverbene haben, diese dem Kochwasser beigeben.

Währenddessen die Butter in einer Pfanne zergehen lassen. Die Zitronenschale hineinreiben und bei niedriger Temperatur ziehen lassen. Den Saft von 1 ½ Zitronen auspressen und mit dem Zucker vermischen.

Die Nudeln abgießen, dabei etwas Kochwasser auffangen. Die Pasta mit der Zitronenschalenbutter, dem Zitronensaft und den verquirlten Eidottern vorsichtig vermischen. Wenn die Sauce zu dickflüssig ist, etwas Kochwasser hinzufügen.

Zum Servieren kräftig salzen, noch kräftiger pfeffern und je nach Gusto geriebenen Parmesan dazu reichen.

Brokkoli-Tortiglioni mit gebratener Salami

—

15 Minuten

Zutaten:

35 dag Penne, Rigatoni
oder Tortiglioni
1 Brokkoli
15 dag Erbsen (tiefgekühlt)
1 Zucchini
20 dag (ungarische) Salami
2 EL Olivenöl
etwas Zitronensaft
Salz, Pfeffer, Thymian

Den Brokkoli in kleine Röschen teilen. Die Pasta al dente kochen und in den letzten 3 Minuten den Brokkoli und die Erbsen mit den Nudeln mitkochen. Zucchini in Stäbchen oder Scheiben schneiden.

Währenddessen Salami in Stifte schneiden, in einer Pfanne ohne Fett rösten, herausnehmen und zur Seite stellen. Wenn das in der Pfanne verbliebene Fett der Salami nicht reicht, eventuell etwas Olivenöl hinzufügen und die Zucchini darin knackig anbraten. Zum Schluss ein paar Thymianblätter zugeben.

Pasta und Gemüse abgießen, in eine große Schüssel geben, salzen und pfeffern. Mit Zucchini, Zitronensaft und dem Olivenöl vermischen. Die Salamistücke darüberstreuen.

Eigentlich wollte ich einmal eine Brokkoli-Pasta mit Speckkrusteln machen, hatte aber keine zuhause. So bin ich auf die Idee gekommen, diese mit Salami zuzubereiten, damit das Nudelgericht nicht „zu gesund" wird für meine Buben.

Manchmal verwende ich statt des Olivenöls zum Schluss auch einen Becher Rahm. Damit mache ich mich besonders beliebt, weil der eine oder andere Löffel davon dann schon in der Küche heimlich verschwinden darf ...

Manchmal fällt die Entscheidung gar nicht leicht, ob diese Kunstwerke in die Vase oder doch ins Essen kommen sollen.

Rigatoni mit Bratwürstelsugo

—

30–45 Minuten

Zutaten:

- 40 dag Pasta (Rigatoni, Tortiglioni oder ähnliche)
- 30 dag Schweinsbratwürstel
- 2 Knoblauchzehen
- 2 Dosen Pelati (gewürfelt)
- 1/16 l Schlagobers
- 2 EL Olivenöl
- Salz, Pfeffer, Majoran oder Oregano

Wenn Sie frische Bratwürstel haben, das Brät aus der Haut drücken und in kleine Stücke reißen. Ansonsten die Bratwürstel in Ringe schneiden oder im Blitzhacker grob zerkleinern.

Die Knoblauchzehen klein hacken und im Olivenöl kurz anschwitzen, die Bratwürstel hinzufügen und gut anbraten, sodass sie etwas Farbe nehmen. Je nachdem, wie stark die Bratwürstel gewürzt sind, mit getrocknetem Majoran oder Oregano würzen, salzen und pfeffern. Die Pelati hinzufügen und zugedeckt mindestens 10 Minuten köcheln, besser eine halbe Stunde.

Währenddessen die Pasta al dente kochen und abgießen. Zum Schluss das Schlagobers einrühren und noch einmal ein paar Minuten köcheln. Die abgetropften, heißen Nudeln mit der Sauce vermischen und mit viel frisch gehobeltem Parmesan servieren.

Dieses Rezept ist mir (wie so manche) „passiert", als wir es für eine Grillerei wieder einmal zu gut meinten und eine größere Menge Würstel übrigblieb. Ich mischte, was da war: Schweins-, Lamm- und Chilibratwürstel - köstlich!
Manchmal mache ich das Rezept mit bereits gebratenen Würsteln, auch dann schmeckt es wunderbar und ich bin froh, wenn ich aus Resten noch etwas Feines zubereiten kann.

Gratinierte Schinkennudeln

—

30 Minuten
+ 45 Minuten Backzeit

Zutaten:

30 dag Hörnchen, Fleckerl oder Spiralnudeln
35 dag Schinken oder Geselchtes
5 dag Butter (zimmerwarm)
3 Eier
¼ l Sauerrahm
Butter und Brösel für die Form
Salz, Pfeffer, etwas Muskatnuss
Petersilie oder Majoran

Die Teigwaren bissfest kochen, eher eine Minute weniger als auf der Packung angegeben. Abseihen und kalt abschrecken. (Das „darf" man natürlich nur bei einem österreichischen Nudelgericht, da ist das ausnahmsweise gestattet.)

Die Eier trennen und die Eiweiße zu Schnee schlagen. Butter schaumig rühren, klein geschnittenen Schinken, Dotter, Gewürze und Rahm dazugeben und gut verrühren. Nudeln und die gehackten Kräuter hinzufügen und den Schnee vorsichtig unterheben.

Eine feuerfeste Form buttern und mit Bröseln ausstreuen. Die Masse einfüllen und im vorgeheizten Rohr bei 180 °C etwa 45 Minuten backen. Mit viel grünem Salat servieren.

DER Nudelsalat

—

15 Minuten
+ etwas Zeit zum Abkühlen der Nudeln

Zutaten:

35 dag Hörnchen oder Spiralnudeln
20 dag Schinken
20 dag Erbsen (tiefgekühlt)
1 EL Olivenöl
¼ l Sauerrahm
Salz, Pfeffer, etwas Muskatnuss

Die Nudeln bissfest kochen; in den letzten 3 Minuten die Erbsen hinzufügen. Alles abgießen und mit kaltem Wasser abschrecken. Eventuell ein paar Eiswürfel dazugeben, damit die Erbsen ihr frisches Grün behalten und nicht nachgaren.

Den Schinken würfelig schneiden, mit Rahm und Olivenöl vermischen. Gut salzen und pfeffern, denn gerade die kalten Nudeln brauchen reichlich Würze. Nudeln und Erbsen unterheben – und schon ist der Nudelsalat fertig.

Je nach Lust und Laune können Sie den Salat mit fein geschnittenem Paprika, Gurke (entkernt) oder Essiggurkerln ergänzen, auch Käsestücke oder Mais passen gut dazu, ebenso wie Schnittlauch, Jungzwiebel, Petersilie oder Kresse.

Probieren Sie öfter neue Varianten aus, bis Sie Ihre Lieblingskombination herausgefunden haben!

Dieser Nudelsalat war für unseren größeren Sohn immer eine willkommene Mahlzeit bei Sportbewerben. Heute nimmt er ihn gern als Jause mit, wenn er in den Ferien arbeitet. Er lässt sich gut vorbereiten und schmeckt noch fein, selbst wenn es einmal länger dauert, bis man zum Essen Zeit findet.

In der Würze liegt die Würze

Sie haben sich an Zutaten und Kochanleitung gehalten
und sind dennoch unsicher, ob's „richtig" schmeckt?
Geht mir genauso!

Aber erstens halte ich mich selten an Rezepte (außer bei
Mehlspeisen) und zweitens können Sie das auch ruhig etwas lockerer
angehen. Seien Sie mutig und probieren Sie - gerade beim Würzen!
Hauptsache ist, dass es Ihnen schmeckt.

Das weiße Gold

-

Wie wichtig Salz ist, merkt man erst, wenn es fehlt. Jeder, der einmal toskanisches Weißbrot probiert hat, ohne es vorher in Olivenöl mit etwas Salz zu tauchen, weiß, wovon ich spreche.

Beim Würzen geht es nicht darum, mit Kräutern und Gewürzen eine Speise zu verändern, sondern deren Aroma und Eigenheiten überhaupt erst herauszukitzeln. Dafür spielt Salz mit Abstand die wichtigste Rolle.

Viele Lebensmittel entwickeln nämlich erst durchs Salzen ihren typischen Geschmack - denken Sie bloß an Eier, Erdäpfel, Reis oder natürlich Fleisch. Fürs Ergebnis ist nicht notwendigerweise die Menge entscheidend, sondern der richtige Zeitpunkt.

Wenn Sie Gemüse in ungesalzenem Wasser blanchieren oder kochen, können Sie diesen Mangel an Geschmack später kaum noch aufholen. Dasselbe gilt für Nudelwasser: So würzig kann die Sauce gar nicht sein, dass ein Pastagericht nicht doch langweilig schmeckt, wenn das Kochwasser nicht ausreichend gesalzen war.

Individuelle Vorlieben sind gerade beim Würzen das Maß aller Dinge - und natürlich ist alles besser als ein versalzenes Essen. Dennoch: Salzen Sie beherzt und probieren Sie während des Kochens immer wieder, ob Sie schon zufrieden sind. Stimmen Sie sich auf die Speise ein und würzen Sie solange, bis es perfekt schmeckt - nämlich Ihnen!

Mehr Salz oder Meersalz?

Ein schönes, dickes Steak - ich mag es medium rare - mit nichts Anderem gewürzt als frisch gemahlenem Meersalz. Läuft Ihnen bei diesem Gedanken auch das Wasser im Mund zusammen? Geschmack, aber auch Konsistenz sind - zumindest für einen hin und wieder Fleischtiger wie mich - einfach himmlisch: Das zarte Fleisch, außen kross vom Grillen und darauf die feinen Salzkristalle, die gerade noch ein bisschen am Gaumen kitzeln. Mmmhm!

Selbst bei einem einfachen Brot mit gesalzener Butter werden Sie gleich erkennen, dass nicht nur die Salzmenge, sondern auch dessen Form einen Unterschied macht. Zum Kochen, vor allem für Suppe oder Nudelwasser, nehme ich (günstiges) Tafelsalz. Ansonsten verwende ich fast immer frisch gemahlenes Meersalz - egal, ob es aus einem aktuellen oder „historischen" Meer kommt (dann heißt es oft Stein- oder Bergsalz).

Wenn ich die Salzkristalle noch spüren will, greife ich zu Fleur de Sel, das ich mit den Fingern direkt über Fisch, Fleisch oder Gemüse zerreibe. (Selbstgemachtes) Kräutersalz oder aromatisierte Salze verwende ich gern für Eigerichte und Butterbrot.

Salzen ohne Salz

In meinen Rezepten finden Sie einige Zutaten, welche die Rolle von Salz teilweise übernehmen: So betrachte ich Speck, Prosciutto, Sardellen, Parmesan, Feta und Konsorten nicht nur als Geschmacksträger sondern darüber hinaus als Gewürze. Sie enthalten bereits reichlich Salz, sodass Sie letzteres reduzieren, wenn nicht gar weglassen können.

Liebeserklärung an die Zitrone

-

Ein paar Lebensmittel sind mir in meinen vielen Kochjahren ans Herz gewachsen: Neben frischen Kräutern aus dem Garten, herrlich aromatischem Pfeffer, selbst mitgebracht aus Vietnam, wunderbarem Bio-Olivenöl, das wir kanisterweise von einer lieben Bekannten direkt aus Griechenland beziehen, reinem Kernöl aus bester steirischer Herkunft ... Oh, ich gerate ins Schwärmen! Neben all diesen Schätzen sind es die Zitronen, die sich hier einen Ehrenplatz erobert haben.

Schon deren Saft ist ein Genuss und darüber hinaus eine unverzichtbare Würze sowohl für Fisch, Fleisch, Gemüse, Salate, Beilagen und natürlich für Süßspeisen. Übrigens: Ein Schuss Zitronensaft unmittelbar vor dem Servieren wirkt wahre Wunder und gibt sogar aufgewärmten Gerichten einen Frischekick.

Ihr stärkstes Aroma sitzt in der Schale, denn dort befinden sich die unzähligen Öldrüsen, die für den betörenden Duft verantwortlich sind. Gerne experimentiere ich mit dieser zart bitteren Note - egal, ob bei Süßspeisen, Kuchen oder pikanten Saucen und Dips. Damit ich mir gar nicht erst Gedanken machen muss, ob ich die Schale verwenden kann oder nicht, kaufe ich stets Bio-Zitronen.

Sogar als Haushaltshilfe schätze ich sie: Ausgepresste Zitronenhälften gebe ich in den Geschirrspüler (sie wirken fettlösend und riechen gut). Ihre bleichende bzw. reinigende Wirkung mache ich mir nach der Garten- oder Küchenarbeit zunutze und reibe Küchenbretter, aber auch die Hände kräftig mit Zitronensaft ab, vor allem nach dem Hantieren mit Roten Rüben, Schwarzen Ribiseln oder Maulbeeren.

Genuss ohne Reue

–

Über gesunde Küche und ausgewogene Ernährung wird viel geschrieben und bisweilen noch mehr philosophiert. Ich finde, die Lust und der Spaß kommen leider manchmal zu kurz. Essen soll Freude bereiten und da gehört dazu, dass man sich kleine „Sünden" gönnt oder gar von Herzen schlemmt, denn das tut der Seele gut – und die gehört schließlich auch genährt.

Die österreichische Hausmannskost geht ja durchaus als Seelentröster durch, finde ich: fleischlastig, üppig, reichhaltig – und soooo gut!

Wie althergebrachte Rezepte diese Attacken auf den Verdauungsapparat ausgleichen, ist beeindruckend schlau: Ein Gewürz hier, ein Kräutlein da, schon werden Kraut und Kohl bekömmlich, Magen und Darm erholen sich schneller von fetten Fleischgerichten, alles wird gut.

Wenn Sie also in Rezepten Kümmel, Wacholder, Fenchelsamen, Lorbeer, Muskatnuss oder Liebstöckel finden, so hat dies weniger mit dem Geschmack dieser Gewürze zu tun als mit deren Wirkung.

Anders, aber nicht weniger effizient wird in der asiatischen und orientalischen Küche gearbeitet: Mit Chilischärfe wird versucht, den Effekt mangelhafter Kühlketten gekonnt auszutricksen, Minze beruhigt Magen und Darm, Kreuzkümmel wirkt krampflösend und die schlauen Inder besänftigen ihre Verdauungsorgane mit jeder Menge Joghurt. Faszinierend – und faszinierend einfach!

Ach ja, und den Schnaps nach dem sonntäglichen Schweinsbraten sollten Sie sich trotzdem gönnen, allein wegen des Genusses. Verdauungsfördernd wirkt dieser nämlich nicht, dazu müsste er als Aperitif getrunken werden. Wenn Sie sich wirklich etwas Gutes tun wollen, nehmen Sie nach dem Essen eine Tasse Pfefferminztee, das beruhigt Magen und Gewissen.

Unkraut verdirbt nicht

-

Kräuter hingegen schon! Mit frischen Kräutern zu kochen hat sich in den letzten Jahren zu einem - mir äußerst willkommenen - Trend entwickelt. Immer wieder entdecke ich in Gärtnereien und auf Märkten neue Sorten und Spezialitäten, sodass es kaum eine Ecke meines Gartens gibt, in der keine Kräuter zu finden sind.

Manche sind recht besitzergreifend wie Minze, Estragon oder der Schwarzkümmel. Alle Versuche, diese in Zaum zu halten, sind bislang gescheitert, also versuche ich deren üppige Präsenz inzwischen als eine Übung in Gelassenheit zu betrachten. Ich genieße deren Duft oder Blüte und rücke ihnen höchstens alle zwei, drei Jahre zu Leibe.

Sobald die Ernte im Garten oder aus dem Blumenkisterl vorüber ist, bekommen ein paar Kräutertöpfchen ihr fix reserviertes Platzerl in der Küche, denn ohne frisches Basilikum, Minze oder Koriander geht's bei mir gar nicht!

Einige Kräuter sind ohnedies auch im Winter verfügbar - oder machen nur ganz kurz Pause wie Salbei, Thymian und Rosmarin. Schnittlauch sowie Petersilie werden gehackt und Liebstöckelblätter im Ganzen eingefroren. Majoran, Oregano, Minze und Zitronenverbene trockne ich - nicht nur zum Kochen, sondern vor allem für Kräutertee, mit dem ich stets meinen Tag beginne, noch vor dem ersten Espresso.

Kräutersalz

Ich trockne, was beim Kochen übrigbleibt, auch Stiele von Basilikum, Petersilie, Estragon, Minze, Dille oder Koriander, ebenso wie Blätter von Liebstöckel, Majoran, Oregano, Thymian, Rosmarin, Salbei und was mir sonst noch unterkommt. Im Standmixer fein gemahlen, mit Meersalz vermischt und kurz durchgemixt - fertig!

Zurück zum Unkraut, neuerdings wohlwollend Beikraut genannt: Ob im Blumenkisterl, in der Wiese oder im Beet - eigentlich hätte ich gern, dass dort wächst, was ich gesät oder gepflanzt habe. Die Natur will es anders und boykottiert meine gärtnerischen Pläne mit Löwenzahn, Brennnesseln, Giersch, Vogelmiere, Melde, Grünem Heinrich, Gundelrebe und vielen weiteren Wildkräutern.

Weil ich weder Zeit noch Lust habe, akribisch zu jäten, ziehe ich es inzwischen vor, meine ungebetenen Gäste teilweise kulinarisch zu verwerten - für Salate, als Spinatersatz, im Pesto und nicht zuletzt für meine Kräutertee-Hausmischung.

Selbstgemachte Sirupe aus Holunderblüten und Zitronenmelisse gibt's jedes Jahr von meiner Mama als Geschenk. Einmal jedoch verwechselte sie die beiden „Nachbarn" auf meiner Böschung - nämlich Melisse und Minze. Das Ergebnis war so köstlich, dass es jetzt immer eine dritte Sorte Sirup gibt.

Minzesirup

Einen großen Bund Minze (so viel wie ein Fußball) abspülen, mit 5 Liter Wasser, 125 g Zitronensäure und zwei in Scheiben geschnittenen Bio-Zitronen in einem sauberen Kübel 24 Stunden kühl stellen. Abseihen, mit 3 kg Sirup- oder normalem Zucker aufkochen und in sterile Flaschen füllen.

Basilikum braucht viel Erde, deshalb kommt es bei mir immer in einen großen Blumentopf. Ich mag vor allem das kleinblättrige, denn das hat ein fantastisches Aroma und wenig Schärfe.

Auch meine verschiedenen Minzen (Pfeffer-, Schokolade-, Apfel-, Ingwer-, Marokkanische und Englische Minze) ziehe ich in großen, winterfesten Töpfen. So halte ich ihre Wurzelausläufer und damit ihre rasende Verbreitung zumindest halbwegs in Schach.

Linguine in Paprikacreme mit Prosciutto-Bröseln

—

30 Minuten

Zutaten:

40 dag Linguine
3–4 rote Paprika
2 EL Butter
1 Schalotte oder kleine Zwiebel
4 cl Vermouth oder Weißwein
1 EL Crème fraîche
4 Scheiben Prosciutto crudo (hauchdünn geschnitten)
Salz, Muskatnuss, Piment d'Espelette oder Pfeffer

Klein gehackte Schalotte in Butter glasig anschwitzen. Paprika entkernen, in Streifen schneiden und zu den Zwiebeln geben. Salzen, mit etwas Muskatnuss und Piment d'Espelette bzw. Pfeffer würzen und kurz anbraten. Mit Vermouth ablöschen und zugedeckt ca. 10 Minuten dünsten.

Den Prosciutto auf ein mit Backpapier belegtes Blech legen und im vorgeheizten Rohr bei 200 °C ca. 20 Minuten backen. Öfter kontrollieren, damit der Prosciutto nicht verbrennt, denn gegen Ende kann das ganz schnell gehen. Wenn sich die Schinkenscheiben wie kleine Platten heben lassen, sind sie genau richtig. Prosciutto kurz auskühlen lassen und dann über einer Schüssel in kleine Stücke brechen.

Die Pasta al dente kochen. Währenddessen die Paprikasauce mit dem Pürierstab oder im Mixer ganz fein pürieren, mit Crème fraîche verfeinern und abschmecken. Paprikacreme mit den Nudeln vermischen und mit den Prosciuttostücken anrichten.

Ich nehme am liebsten Spitzpaprika. Die sind weniger fleischig, aber meistens intensiver im Aroma als herkömmliche Paprika.

Spaghetti mit Rucola-Mandel-Pesto

—

20 Minuten

Zutaten:

40 dag Spaghetti
30 dag Kirschparadeiser
(oder San Marzano)

für das Pesto:

5 dag Rucola
5 dag Petersilie oder Basilikum
10 dag geschälte Mandeln
5 dag gehobelter Parmesan
ca. 2 dl Olivenöl
½ Bio-Zitrone
Salz, Pfeffer

Rucola und Basilikum grob hacken, zusammen mit dem Öl, den Mandeln, dem Saft sowie der abgeriebenen Schale der Zitrone und den Gewürzen im Standmixer pürieren. Wenn das Pesto zu dickflüssig ist, noch etwas Öl hinzufügen.

Die Pasta al dente kochen. In der Zwischenzeit die Paradeiser halbieren. Beides in eine große Schüssel geben, drei Viertel des Pestos hinzufügen und mit der Hand durchmischen, dabei die Paradeiser etwas anquetschen, damit der Saft herausrinnt.

Das restliche Pesto dazu servieren sowie je nach Gusto noch Olivenöl und grob gehobelten Parmesan.

Auch für Nicht-schwimmer

– FISCH –

Fisch-Packerl mit Fenchel und Paradeisern

—

10 Minuten
+ Backzeit

Zutaten für 1 Portion:

- 20–25 dag Fischfilet
- 1 kleine Rispe Kirschparadeiser
- 2 Scheiben Fenchel
- 1–2 EL Olivenöl
- etwas Zitronensaft
- Salz, Pfeffer, Thymian oder Petersilie

Butterbrotpapier oder Backpapier so zuschneiden, dass der Fisch gut darin Platz hat. Ich nehme das Papier immer doppelt, dann läuft der Saft nicht so leicht aus.

Das zugeputzte Fischfilet darauflegen, salzen, pfeffern und mit Olivenöl und Zitronensaft beträufeln. Kirschparadeiser, Fenchelscheiben und etwas Fenchelgrün sowie Kräuter darauflegen und noch einmal etwas würzen. Von beiden Seiten das Papier über den Fisch legen und an den kurzen Seiten aufrollen. Mit Zahnstochern fixieren.

Ich lege die Packerl aufs Blech oder in eine ofenfeste Form. Im vorgeheizten Backrohr bei 200 °C etwa 20 Minuten garen, das Packerl öffnen und nochmals 5 Minuten ins Rohr schieben. Mitsamt dem Backpapier servieren.

Als meine Buben jünger und ihr Ehrgeiz, selbst zu kochen, noch nicht so ausgeprägt war, habe ich solche Packerl für sie vorbereitet. Wenn ich zum Essen nicht zuhause war, konnten sie den Fisch selbst gut zubereiten - einfach ein wenig Weißbrot dazu und schon waren sie gut versorgt.

Der Fisch im Ganzen

—

5 Minuten

+ Backzeit

Zutat:

1 großer Fisch (Forelle, Saibling, Wolfsbarsch, ...)

Ja, tatsächlich, mehr braucht es nicht: einen Fisch. Frisch muss er sein. Groß soll er sein; für 4 Personen ca. 1,5 kg schwer. Wenn möglich noch größer, dann laden Sie auch noch die Nachbarn ein. Die Größe ist eigentlich nur durch das Backblech limitiert, aber wir sind auch schon einmal auf den Griller ausgewichen, als das „Ding" einfach zu riesig war.

Nun, dann müssen Sie eigentlich nur noch das Backrohr auf 220 °C (Ober- und Unterhitze) vorheizen und das Blech mit Backpapier auslegen. (Wenn Sie es nur mit Olivenöl einstreichen, haben Sie beim Abwasch große Mühe, die klebrigen Reste vom Blech zu kratzen.)

Den (ausgenommenen) Fisch grob waschen. Der Schleim an der Oberfläche soll erhalten bleiben, er sorgt für entsprechende Feuchtigkeit während des Backens. Wir würzen den Fisch nicht, sondern schieben ihn „nackt" ins Backrohr. Beim Hineingeben gleich auf 200 °C herunterschalten und für 10 Minuten so belassen, dann 20–30 Minuten bei 160 °C. Bei den ersten Exemplaren, die Sie so zubereiten, schneiden Sie einfach zwischendurch hinein, um zu sehen, ob der Fisch schon fertig ist. Das ist er dann, wenn sich das Fleisch gerade von der Gräte lösen lässt. Das Eiweiß sollte nicht geronnen sein (= weiß werden). Je nach Größe braucht so ein Fisch unterschiedlich lange. Wenn Sie ihn mit fallender Temperatur zubereiten, gehen Sie auf Nummer Sicher. Pro Kilo Fisch verlängert sich die Garzeit um etwa 7 Minuten (bei 160 °C).

Zum Filetieren die Haut abziehen; diese wird bei dieser Zubereitungsform nicht gegessen. Die Oberseite des Fleisches von der Gräte nehmen, diese von der Schwanzflosse weg abziehen und den Rest anrichten. Vergessen Sie die Backerl nicht! Ein wenig Salz, am besten Fleur de Sel, und feines Olivenöl darübergeträufelt – das ist Fischvergnügen pur! (Nun ja, Petersilkartofferl und Salat dürfen schon sein ...)

Ceviche vom heimischen Fisch

—

25 Minuten

Zutaten:

30 dag Filet von Saibling oder Forelle
2 Bio-Zitronen
2 kleine Gurken
½ Honigmelone
3–4 EL Olivenöl
3–4 cm Ingwerknolle
Salz, Pfeffer
Koriander oder Dille

Die Haut vom Fisch mit einem scharfen Messer abziehen. Noch vorhandene Gräten entfernen und den Fisch in mundgerechte Streifen oder Würfel schneiden.

Etwas Zitronenschale in eine Schüssel reiben, ebenso den geschälten Ingwer. Mit dem ausgepressten Saft der Zitrone mischen und den Fisch 10–15 Minuten darin ziehen lassen. In dieser Zeit die Gurken in dünne Scheiben schneiden, die Melone in Würfel.

Die Fischstücke abseihen, mit Gurke und Melone mischen. Salzen, pfeffern und auf Tellern anrichten. Großzügig mit Olivenöl beträufeln und mit gehacktem Koriander bestreuen. Diesen zupfe ich übrigens nicht ab, sondern schneide ihn mitsamt den Stängeln, die mindestens ebenso aromatisch sind wie die Blätter. Wer Koriander nicht mag, nimmt Dille oder Fenchelgrün zum Würzen.

Mit getoastetem Ciabatta oder Baguette dazu ist das eine wirklich feine Vorspeise oder kleine Mahlzeit.

Leichter Garnelen-Cocktail

—

30 Minuten

Zutaten:

40 dag Cocktailgarnelen
3–4 Stängel Stangensellerie
½ Pomelo
1 große Avocado
1 Bio-Zitrone
2 Knoblauchzehen
5 cm Ingwerknolle
3 EL Olivenöl
Salz, Pfeffer
Koriander

Die Knoblauchzehen schälen, in Scheiben schneiden (oder pressen, wenn es besonders schnell gehen soll) und in Olivenöl solange wie möglich ziehen lassen. Eine Stunde wäre ideal, kürzer ist aber auch okay.

Pomelo schälen, alle Zwischenhäute entfernen und in kleine Stücke teilen. Stangensellerie zuerst in Längsstreifen und diese in ganz kleine Würfel (½ cm) schneiden. Ein wenig von den gelben Blättern hacken, einige davon für die Garnitur zur Seite legen.

Knoblauchöl abseihen und die geputzten Garnelen 10 Minuten darin marinieren. Eine Hälfte der Avocado in Würfel schneiden. Die andere mit der Gabel zerdrücken, mit der abgeriebenen Schale und dem Saft der Zitrone sowie dem geriebenen Ingwer vermischen. Die Garnelen mitsamt dem Öl unterheben, Sellerie hinzufügen. Ganz zum Schluss vorsichtig Pomelo, Avocadostücke und Selleriekraut dazugeben. Koriander ist nicht jedermanns Sache, deshalb reiche ich das gehackte Kraut extra in einem Schüsserl.

Manchmal macht eine Zutat ein Gericht zu einer Besonderheit, die eben genau nicht verwendet wird. In diesem Fall ist es die Mayonnaise, die diesen Klassiker halt doch immer sehr üppig macht. Die Avocadocreme ist ein wirklich würdiger Ersatz.

Hausgebeizter Lachs

—

20 Minuten

Zutaten

für 8 Vorspeisenportionen:

ca. ½ kg filetierte Lachsseite (oder Zander)
350 g Kristallzucker
250 g grobes Salz
2 EL Pfefferkörner
je 1 EL Wacholderbeeren, Senfkörner, Koriander und Fenchel
je 2 Lorbeerblätter und Gewürznelken
je 1 Bund Basilikum und Petersilie
1–2 Bio-Zitronen
1 Bio- (bzw. unbehandelte) Orange

Den Fisch auf der Hautseite mehrmals vorsichtig einschneiden, damit die Marinade gut einziehen kann. Der Fisch sollte durchgehend etwa gleich dick sein, damit die Beizung gleichmäßig wird. Die Gewürze grob mörsern, mit Salz und Zucker vermischen.

Ein Blech oder eine Platte doppelt mit Klarsichtfolie belegen. Etwa ⅓ der Mischung darauf verteilen. Den Fisch mit der Hautseite nach unten darauflegen und den Rest der Salz-Zucker-Gewürz-Mischung darübergeben. Mit den ungeschnittenen Kräutern sowie Orangen- und Zitronenscheiben belegen.

Mit der Folie fest – so gut es geht luftdicht – einpacken und kühl stellen. Drei- bis viermal wenden, jeweils die Flüssigkeit weggeben. Nach etwa 18–20 Stunden erstmals testen, ob der Fisch schon „gar" ist: Das Fleisch sollte fester geworden sein, aber immer noch weich und gleichmäßig leicht zu schneiden. Es dauert ungefähr 24–30 Stunden, bis ein Fisch mit 600–700 g fertig ist.

Den Fisch von allen Zutaten befreien, eventuell mit einem feuchten Tuch die Reste abwischen. Mit kleingehackten Kapern und dünnen Zwiebelringen servieren, dazu Sauerrahm, Sauce tartare oder einfach ein wenig Zitronensaft sowie getoastetes Weißbrot. Eine Delikatesse!

Grüner wird's nicht

– GEMÜSE –

Grüner Spargel aus dem Ofen

—

20 Minuten

Zutaten:

12–16 Stangen grüner Spargel
3 EL Olivenöl
2 EL Butter
3 dag gehobelte Mandeln
2 EL kleine Kapern
Salz, Pfeffer
Basilikum oder Minze

Das untere Drittel des Spargels schälen und die Enden abschneiden. Die Spargelstangen mit 1–2 EL Olivenöl, großzügig Salz und Pfeffer vermischen und auf einem mit Backpapier bedeckten Blech verteilen. Im vorgeheizten Backrohr bei 200 °C je nach Dicke der Stangen 8–12 Minuten backen.

Währenddessen die Mandelblättchen bei mittlerer Hitze in Butter bräunen. Die Mandeln zur Seite stellen und in derselben Pfanne 1–2 EL Olivenöl erhitzen, die Kapern hinzufügen und unter ständigem Rühren knusprig braten.

Den Spargel auf einer Platte anrichten, Mandeln und Kapern (ohne Bratfett) darüber verteilen und mit etwas gehackter Minze bestreuen. Passt hervorragend als Beilage zu Lammfleisch oder allerlei Gegrilltem. Mit getoastetem Baguette oder Kartoffeln serviert ist es ein köstliches, fleischloses Gericht.

Karfiol Taboulé

—

20 Minuten
+ 20 Minuten zum Marinieren

Zutaten:
1 großer Karfiol (¾–1 kg)
3 Bio-Zitronen
1 Bund Frühlingszwiebeln
1 Bund Petersilie
2–3 Stängel Minze
1 TL Piment
3 EL Olivenöl
Salz, Pfeffer

Der Karfiol wird geraspelt, sodass die Masse ähnlich wie Bulgur aussieht – also nicht zu fein. Das kann man natürlich auch im Blitzhacker oder mit der Küchenmaschine machen, dann geht das schneller, es soll jedoch keinesfalls ein Mus werden.

Etwas Schale von einer Zitrone abreiben und diese und die beiden weiteren Zitronen auspressen. Den Karfiol mit gut 1 TL Salz und dem Zitronensaft 20 Minuten marinieren.

Frühlingszwiebeln fein hacken, ebenso die Kräuter. Die Petersilienblätter zupfe ich nicht ab, sondern hacke das Kraut mitsamt den Stängeln ganz fein, denn auch letztere sind sehr aromatisch und geben ein wenig Biss für den Salat. Alles mit der Zitronenschale, Piment, reichlich Pfeffer und dem Olivenöl vermischen und unter die Karfiolmasse heben.

Taboulé ist ein arabischer Salat, dessen Hauptbestandteile üblicherweise Bulgur und jede Menge Petersilie sind, dazu kommen gewöhnlich Paradeiser, Zwiebeln, weitere Kräuter und Gewürze. Ich finde es besonders spannend, wenn es gelingt, Getreide durch ein Gemüse zu ersetzen, ohne dass dabei der Sättigungseffekt zu kurz kommt.

Ratatouille

—

30 Minuten

Zutaten:

2 kleine Zucchini
1 Melanzani
1 gelber Paprika
½ Pfefferoni
30 dag Cocktailparadeiser
1 Schalotte
(oder kleine Zwiebel)
2 Knoblauchzehen
5–6 EL Olivenöl
Petersilie, Rosmarin, Thymian
Salz, Pfeffer
evtl. Saft einer halben Zitrone

Die Schalotte und den Knoblauch fein hacken. Zucchini, Melanzani und Paprika je nach Laune in Streifen oder Würfel schneiden, Pfefferoni in Ringe.

In einer Pfanne 2 EL Olivenöl erhitzen und die Schalotte kurz darin anschwitzen. Die Melanzani hinzufügen und anrösten, salzen und zur Seite geben. In derselben Pfanne wiederum 2 EL Olivenöl erhitzen und darin die Zucchini anbraten, salzen und ebenfalls zur Seite geben. Zum Schluss das restliche Olivenöl erhitzen und den Paprika anbraten und salzen. Die Hitze etwas reduzieren, Zucchini und Melanzani zurück in die Pfanne geben, Pfefferoni, Knoblauch sowie die gehackten Kräuter hinzufügen.

Cocktailparadeiser dazugeben und alles ein paar Minuten dünsten. Die Paradeiser sollten nicht ganz zerfallen und das Gemüse noch gut knackig sein. Mit Pfeffer und Salz abschmecken. Direkt vor dem Servieren eventuell noch etwas Zitronensaft hinzufügen, das verleiht dem Ratatouille einen Frischekick.

Das Gemüse muss nicht ganz heiß sein, sondern schmeckt auch lauwarm köstlich – zum Beispiel zu mediterranen Fleischgerichten, Gegrilltem, heurigen Erdäpfeln oder gebratener Polenta.

Erbsen-Minz-Püree

—

40 Minuten

Zutaten:

½ kg Erbsen (tiefgekühlt)
½ kg mehlige Erdäpfel
1 großer Bund Minze
3 EL Butter
¼ l Milch
Salz, Muskatnuss

Erdäpfel schälen, in grobe Stücke schneiden und in Salzwasser ca. 20 Minuten weichkochen. Nach 15 Minuten in einem weiteren Topf Salzwasser zum Kochen bringen und die Erbsen mit der Minze 3 Minuten garen. Abgießen, die Minze entfernen und etwas Kochwasser auffangen. Erbsen kalt abschrecken.

Milch erwärmen, nun auch die Erdäpfel abgießen und durch die Erdäpfelpresse passieren. Mit der warmen Milch vermischen. Die Erbsen mit dem Stampfer zerkleinern oder grob pürieren, eventuell etwas Kochwasser hinzufügen, wenn die Masse zu trocken ist. Beide Pürees miteinander vermischen, Butter einrühren und mit Salz und etwas Muskatnuss würzen.

Ich mag diese Beilage besonders zu Lamm oder geschmortem Rindfleisch. Zeitsparend ist sie außerdem, denn die Mischung vereint Gemüse- und Sättigungsbeilage.

Ofen-Gemüse mit Liebstöckel-Pesto

—

15 Minuten

+ 25 Minuten Backzeit

Zutaten:

1 ½ kg Wurzelgemüse (Sellerie, Karotten, gelbe Rüben, Petersilienwurzel, Pastinake, Rote Rübe etc.)
3 EL Olivenöl
Salz

für das Pesto:

1 Handvoll Liebstöckel
5 dag Kürbiskerne
1 EL Pecorino (oder Parmesan)
120 ml Kürbiskernöl
Salz

Die Gemüse zuputzen, schälen und mit dem Olivenöl und dem Salz vermischen. Rote Rüben extra marinieren, sonst würden sich die anderen Gemüse verfärben. Auf einem mit Backpapier ausgelegten Blech bei 200 °C etwa 25–30 Minuten backen.

Liebstöckel grob hacken und gemeinsam mit den anderen Zutaten im Standmixer pürieren. Wenn Sie kein Liebstöckel zur Hand haben, können Sie auch Petersilie (unbedingt mit den Stängeln!) verwenden und mit ein paar Salbeiblättern ergänzen. Die Kürbiskerne können Sie natürlich auch durch Hasel- oder Walnüsse ersetzen.

Die Gemüse gemeinsam mit dem Pesto servieren. Wenn man das Ofengemüse als Fleischbeilage verwendet, kann man sich getrost eine Sättigungsbeilage sparen, denn das Wurzelgemüse ist sehr reichhaltig.

Die Liebe zur Heimat und das Fernweh – im Garten wie im Herzen harmonisch vereint.

Gurken-Ingwer-Suppe

—

25 Minuten

Zutaten:

3 Gurken
6–8 cm Ingwerwurzel
30 dag griechisches Joghurt
3 EL Joghurt
2 Knoblauchzehen
4 EL Olivenöl
5 dag gehobelte Mandeln
Salz, Pfeffer
frische Minze

Zunächst Knoblauchöl ansetzen: Die Knoblauchzehen schälen, klein hacken und in 2 EL Olivenöl mindestens 10 Minuten, besser eine Stunde ziehen lassen. Ich verwende lieber aromatisiertes Öl als rohen Knoblauch, weil dieser nicht so gut verträglich ist und ihm das Öl außerdem die Schärfe entzieht.

Die Gurken schälen, entkernen und in grobe Stücke schneiden. Den Ingwer schälen und reiben. Gemeinsam mit Joghurt, Salz und Pfeffer im Standmixer fein pürieren und kalt stellen.

Die Mandeln in 2 EL Olivenöl vorsichtig braten, bis sie Farbe nehmen. Nach längstens 3–4 Minuten sind sie fertig. Sie können auch gleich etwas mehr machen und die Mandeln für später in einem Schraubglas gekühlt aufbewahren. Diese schmecken nämlich als Topping für Salate oder über Gemüse gestreut recht fein.

Die Suppe in Schalen oder Tassen gießen. Ich gebe sie vorher in einen Krug oder verwende einen Marmeladetrichter, dann geht das einfacher. Mit den Mandeln und etwas fein gehackter Minze bestreuen. Das Knoblauchöl darüberträufeln. Wenn Sie ein paar Blüten von Schnittlauch oder Borretsch zur Hand haben – umso hübscher!

Etwas andere Minestrone

—

20 Minuten
+ 30 Minuten Kochzeit
für den Gemüsefond

Zutaten:

¼ Sellerie
1 kleine Zwiebel oder Schalotte
Petersilienstängel
oder 1 Petersilienwurzel
1 Karotte
2 Zehen Knoblauch
1 Bund Frühlingszwiebeln
½ Brokkoli
¼ kg Erbsen (tiefgekühlt)
1 Handvoll Kirschparadeiser
2 EL Butter
20 daq kleine Pasta
4 EL geriebener Parmesan
frische Kräuter (Petersilie,
Minze, Kerbel, Liebstöckel)
Salz, Pfeffer

Sellerie, Petersilienwurzel und Karotte gut waschen und in grobe Stücke schneiden. Knoblauch schälen und in Scheiben schneiden. Den Brokkoli in ganz kleine Röschen teilen, den Strunk schälen und würfeln.

Knoblauch in einem Suppentopf in Butter anschwitzen. Kräftig salzen und mit ca. 1 Liter Wasser aufgießen. Das Suppengemüse und die Zwiebel (ungeschält) hinzufügen und 30 Minuten köcheln lassen. Pasta al dente kochen.

Die Suppe abgießen und abschmecken. Erbsen und Brokkoli im Gemüsefond 3 Minuten garen. Frühlingszwiebeln in Streifen schneiden, die Paradeiser in feine Scheiben. Die Zwiebeln ganz kurz in der Suppe ziehen lassen. Nudeln in tiefe Teller geben, mit der Suppe auffüllen und erst zum Schluss die Paradeiser-scheiben und gehackte Kräuter hinzufügen. Großzügig mit Parmesan bestreuen.

Zweierlei mit Roter Rübe

Rote Rüben Apero

—

10 Minuten

Zutaten für 2 Portionen:

1 kleine Rote Rübe, gekocht, püriert
1 Orange
½ Zitrone
6 cl Campari

Orangen- und Zitronensaft auspressen und mit etwa derselben Menge Rote Rüben-Püree vermischen. Eventuell etwas Wasser hinzufügen (am besten das Kochwasser der Roten Rübe) und mit dem Campari vermischen. Auf Eis servieren. Den Drink kann man übrigens auch mit roher Roter Rübe zubereiten.

Schnelle Rote Rüben-Suppe

—

20 Minuten
+ 60 Minuten Kochzeit für die Roten Rüben

Zutaten für 2 Portionen:

½ kg Rote Rüben, gekocht
evtl. ¼–½ l Hühner- oder Gemüsesuppe
1 EL Butter
1 Schalotte oder kleine Zwiebel
1 Stück Ingwer (ca. 3–4 cm)
Salz, Pfeffer, Muskatnuss

Die sorgfältig gewaschenen Roten Rüben knapp mit Wasser bedeckt etwa 1 Stunde kochen (je nach Größe). Sie sollten schon weich, aber noch bissfest sein. Das Kochwasser aufheben.
Die Rüben etwas auskühlen lassen und schälen. Das geht ganz einfach, indem man die Schale mit den Händen herunterschiebt bzw. -reibt. Meist koche ich gleich mehr davon, weil sie gerade lauwarm so köstlich sind!

½ Rote Rübe in kleine Würfel schneiden und zur Seite geben.
Die Zwiebel fein hacken und in der Butter anschwitzen. Restliche Rüben grob schneiden und hinzufügen. Den Ingwer schälen, reiben und alles gemeinsam mit etwas Kochwasser (oder mit Suppe) aufgießen. Im Mixer pürieren und würzen. Je nach Konsistenz noch mehr Kochflüssigkeit oder Suppe hinzufügen und mit den Würfeln der Rote Rüben servieren.

Pimientos de Padrón mit Büffelmozzarella

—

20 Minuten

Zutaten:

40 dag Pimientos
(= kleine, grüne Bratpaprika)
2 EL Olivenöl
1–2 TL grobes Meersalz
2 Kugeln Büffelmozzarella
(30–40 dag)

für das Pesto:

5 dag Petersilie
5 dag Rucola
2 dl Olivenöl
½ Bio-Zitrone
Salz und eine Messerspitze Chili

Petersilie (mit Stängeln) und Rucola grob hacken, zusammen mit dem Öl, dem Saft sowie der abgeriebenen Schale der Zitrone und den Gewürzen im Standmixer pürieren.

Die Pimientos in Olivenöl rundherum scharf anbraten, bis sie etwas Farbe nehmen. Großzügig mit Meersalz bestreuen. Mozzarella in grobe Stücke reißen, gemeinsam mit den Pimientos anrichten und mit dem Pesto beträufeln.

Restliches Pesto extra reichen bzw. in einem Schraubglas gekühlt aufbewahren (hält einige Wochen). Mit geröstetem Ciabatta oder Baguette servieren.

Spinatomelette mit Erbsen

—

15 Minuten

Zutaten für 1 Portion:

10 dag Spinat
2 Eier
1/16 Milch
½ EL Butter
1 EL geriebener Hartkäse
3 EL Topfen (Kuh, Schaf oder Ziege)
1 EL geriebener Parmesan
2 EL Erbsen (tiefgekühlt)
Schnittlauch
Salz, Pfeffer, Muskatnuss

Ich verwende für dieses Omelette gerne tiefgekühlten Blattspinat in Portionen, dann braucht es etwa 4–5 dieser Würfel, die zuvor aufgetaut werden. Für ein Omelette eignen sich ebenso gut Wildkräuter wie Giersch, Brennnessel, Löwenzahn, Grüner Heinrich oder Melde, aber natürlich auch Rucola oder Blattmangold.

Dotter mit Milch verquirlen, Käse und klein gehackten Spinat unterrühren, salzen und pfeffern, etwas Muskatnuss darüberreiben. Die Eiweiße zu Schnee schlagen und unterheben.

Butter in einer beschichteten Pfanne bei mittlerer Hitze schmelzen und die Eiermischung 6–7 Minuten darin stocken lassen. Währenddessen die Erbsen kurz antauen lassen und 2 Minuten blanchieren, eiskalt abschrecken, damit sie die Farbe behalten.

Den Topfen mit dem Schnittlauch vermischen und auf eine Hälfte des Omelettes geben, die andere Hälfte vorsichtig darüberklappen. Auf einem Teller anrichten, mit Erbsen und Parmesan bestreuen.

Risotto

—

30 Minuten

Zutaten:

1 Schalotte
(oder kleine Zwiebel)
2 EL Olivenöl
35 dag Arborio-Reis
(oder anderen Risotto-Reis)
1 dl Vermouth (oder Weißwein)
1 l Gemüse-, Hühner- oder Rindsuppe
1 EL Butter
3 EL geriebener Parmesan
1 EL Zitronensaft
Salz, Pfeffer

Fein gehackte Schalotte in Olivenöl anschwitzen, den Reis hinzufügen, salzen und glasig rösten. Mit dem Vermouth ablöschen, kurz innehalten und schnuppern: Der Augenblick, wenn dieser köstliche Duft die Nase erobert – das ist mein sogenannter „Risotto-Moment", den ich jedes Mal aufs Neue genieße.

Mit einem Holzkochlöffel kräftig rühren und stetig mit heißer Suppe aufgießen. Je nach Reissorte dauert es 16–20 Minuten, bis der Reis al dente ist. Gegebenenfalls kurz vor dem Ende der Kochzeit weitere Zutaten wie gekochtes Gemüse oder Kräuter hinzufügen und weiterrühren. Mit Butter montieren, den Parmesan unterheben, mit etwas Zitronensaft würzen und kräftig pfeffern.

Zwei Dinge machen den großen Unterschied: Der Reis muss Biss haben. Dies ist der Grund, warum man Risotto nur frisch zubereiten und schlecht aufwärmen kann. Außerdem darf es nicht trocken, sondern soll schön cremig sein. Also nicht mit Flüssigkeit sparen und nicht zu viel Parmesan hinzufügen, der verdickt nämlich zusätzlich.

Als leidenschaftliche Italien-Reisende und Liebhaberin der italienischen Küche kann ich mir diese Ergänzung nicht verkneifen: Bitte verwenden Sie niemals Schlagobers, Panna oder Crème fraîche, um Ihr Risotto cremiger zu machen. Nur Butter „darf" in ein Risotto - gerne auch etwas mehr als angegeben. Sie werden den Unterschied schmecken. Buon appetito!

Rote Rüben-Risotto

—

Etwa 40 dag gekochte Rote Rüben fein pürieren, salzen und pfeffern. Erwärmen und gegen Ende der Kochzeit ins Risotto einrühren. Entweder mit ein wenig frisch gerissenem Kren servieren oder mit geriebenem Ingwer würzen. Auch die Kombination aus Walnüssen und Feta macht sich hervorragend.

Paprika-Risotto

—

3 große rote, orange oder gelbe Spitzpaprika grob schneiden. ½ klein geschnittene Zwiebel oder 1 Schalotte in 1 EL Butter anlaufen lassen, die Paprika hinzufügen und kurz anschwitzen. Mit etwas Wasser oder Suppe ablöschen, mit Salz, Pfeffer und Muskatnuss würzen. Zugedeckt 10 Minuten dünsten und fein pürieren. Die Paprikacreme mit dem Risotto vermischen und jede Portion mit einer Ölsardine garnieren.

Schwammerl-Risotto

—

20 dag Schwammerl (Steinpilze, Kräuterseitlinge, Eierschwammerl oder eben was Wald und Markt gerade hergeben) putzen und schneiden. 1 fein gehackte Schalotte in 1 EL Butter glasig anlaufen lassen, Schwammerl hinzufügen, salzen und knackig dünsten. Fein gehackten Kerbel oder Petersilie hinzufügen, mit etwas Zitronensaft auffrischen und mit dem Risotto mischen.

Radicchio-Risotto

—

1 Radicchio oder 2 Treviso fein schneiden. 1 Handvoll Walnüsse grob hacken. Beides in den letzten 3 Minuten der Risotto-Kochzeit hinzufügen und gut verrühren.

Zitronen-Risotto

—

30 Minuten

Zusätzliche Zutaten:

2 Bio-Zitronen
20 dag Baby-Tintenfische
1 EL Olivenöl
1 TL Zucker
Salz, Pfeffer
frischer Lavendel

Risotto laut Rezept zubereiten, in diesem Fall besser mit Gemüse- oder Hühnersuppe, damit der feine Geschmack der Zitrone besser herauskommt. 2 Minuten vor Ende der Garzeit den Saft und die abgeriebene Schale der Zitronen sowie eventuell 1 TL Zucker hinzufügen.

Währenddessen die Tintenfische gut waschen und trocknen. Auf Holzspießchen stecken und rundherum gut in Olivenöl anbraten. Das dauert etwa 3–4 Minuten. Risotto in Suppenschalen anrichten, mit ein paar abgerebelten Lavendelblüten bestreuen und die Spieße darüberlegen.

Lavendel ist in der Küche ein seltener Gast, weil sein Aroma sehr intensiv ist. Zum Zitronen-Risotto passt er – sparsam verwendet – ausgezeichnet. Wenn Sie keinen Fisch oder Meeresfrüchte mögen, reichen Sie stattdessen kleine Lammspießchen dazu.

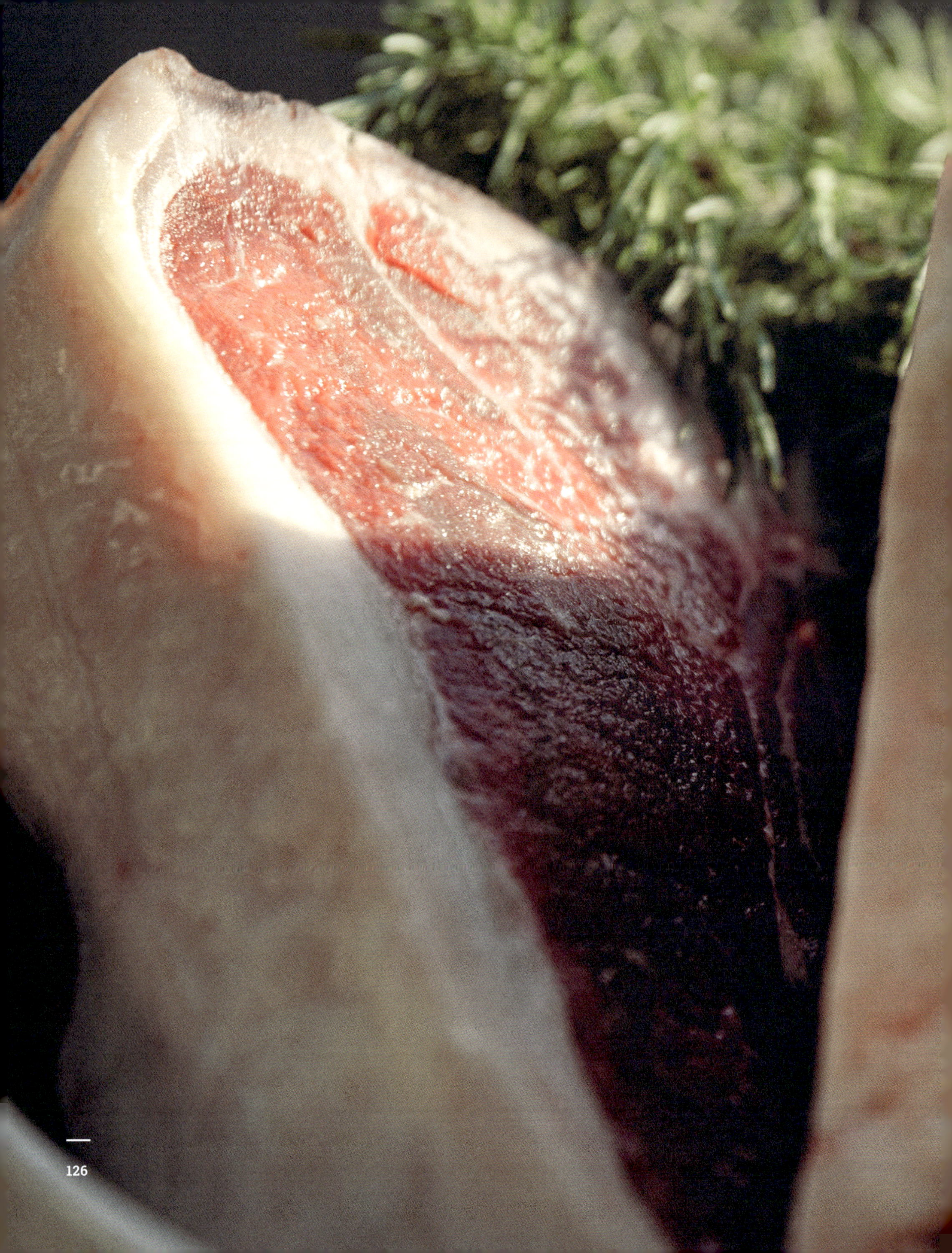

Nichts für Vegetarier

– FLEISCH –

Hendlhaxerl mit Oliven und Kapern

—

10 Minuten

+ 30 Minuten zum Marinieren

+ 50 Minuten Backzeit

Zutaten:

4 Hühnerkeulen
15 dag Oliven
10 dag große Kapern
2 Bio-Zitronen
4 EL Olivenöl
Salz, Pfeffer
1 Bund Thymian

Die abgeriebene Schale der Zitronen, Salz, Pfeffer, abgerebelten Thymian sowie Olivenöl vermischen und die Hendlhaxerl darin marinieren. Wenn es die Zeit erlaubt, dann gut und gerne ein paar Stunden (gekühlt). Wenn's schnell gehen muss, dann tut's auch eine halbe Stunde – oder so lange sie eben mit anderen Arbeiten beschäftigt sind (Salat waschen, eine Nachspeise zubereiten, danach wieder die Küche aufräumen, auf Familie oder Gäste warten, sich währenddessen ein Gläschen Wein gönnen und in einem Kochbuch schmökern ...).

Die Haxerl in einen Bräter legen, die restliche Marinade darüber verteilen und im vorgeheizten Backrohr bei 200 °C zunächst 20 Minuten braten. Die Temperatur reduzieren und weitere 30 Minuten bei 160 °C im Rohr lassen. In den letzten 10 Minuten Oliven, Kapern und den Saft der beiden Zitronen hinzufügen. Wenn die Hendlteile zu wenig Farbe haben, können Sie zum Schluss auch noch mal für 3 Minuten den Grill dazuschalten.

Das Gericht ist gut vorzubereiten und macht wirklich kaum Mühe. Wer eine Aversion gegen Oliven oder Kapern hat, lässt sie einfach weg. Nicht zuletzt lässt sich das Essen auch für nur eine oder zwei Personen zubereiten. Dazu gibt es einen kleinen Salat und vielleicht noch ein wenig Weißbrot.

Faschierte Laibchen

—

40 Minuten

Zutaten:

1 kg gemischtes Faschiertes
1 altbackene Semmel
oder Weißbrot
2 Eier
1 mittelgroße Zwiebel
oder 2 Schalotten
2 Knoblauchzehen
2 EL gehackte Petersilie
1 EL Butter
1 Tasse Semmelbrösel
6 EL Pflanzenöl
Salz, Pfeffer und viel Majoran

Die Semmel grob zerteilen oder schneiden und in Wasser einweichen. Zwiebel fein hacken, in Butter glasig anrösten, Knoblauch hineinpressen und Petersilie hinzufügen, dann zur Seite stellen.

Das Faschierte mit reichlich Majoran, Salz und Pfeffer würzen. Die ausgedrückte Semmel, die inzwischen überkühlte Zwiebelmischung und die beiden Eier hinzufügen. Alle Zutaten gut miteinander verkneten. Mit nassen Handflächen zu gleich großen Kugeln formen, flach drücken und in Semmelbröseln wenden.

Öl in einer flachen Pfanne erhitzen, die Laibchen darin braun anbraten, wenden und langsam fertig braten. Je nach Größe der Laibchen dauert das etwa 8–10 Minuten.

Dazu gibt's Erdäpfelpüree und einen großen Salat. Bei der Menge sollten eigentlich noch ein paar kalte Fleischlaiberl für die Jause oder ein Picknick am nächsten Tag übrigbleiben, aber sicher kann man da nicht sein ... Manchmal „verschwinden" sie bereits während der Aufräumarbeiten in der Küche!

Keine Zeit zum Kochen

Keine Sorge, Sie sind richtig hier:
Sie lesen noch immer in einem Kochbuch.
Zugegeben, vielleicht ist es mehr ein Essbuch.

Aber geht es Ihnen nicht auch manchmal so?
Sie haben einfach keine Zeit
oder vielleicht gar keine Lust zu kochen.
Dann sind Sie auf den folgenden Seiten genau richtig:

Viel Vergnügen mit meinem Plädoyer für
das gepflegte Jausenbrot!

Das gute Butterbrot

Eine knusprige Rinde, ein weicher Kern, dessen Wärme die Geduld des Reifens und Backens in sich trägt – dazu die Kühle und der Schmelz einer guten Butter ... Diese Kombination ist einfach genial!

Lässt sich vielleicht im Butterbrot das große Geheimnis einer vollkommenen Speise festmachen? Dieses Aufeinandertreffen von salzig und süß, von Säure und Fett – genau jener Ingredienzien, die ein wahres Glücksgefühl am Gaumen erzeugen, eine perfekte Harmonie.

Beginnen wir beim Brot: Knusprig oder weich, volles Korn oder geschrotet, luftig oder stoffig, Roggen oder Weizen oder beides, zuvor geröstet oder nicht, Sauerteig oder Germ ... Schier endlos scheinen die Möglichkeiten, wirklich gutes Brot zu backen. Bereits als Mädchen machte ich erste Brotbackversuche in Mamas Küche. Jedoch hat mich die Erkenntnis, dass wir in unserem Land mit so grandiosen Bäckern gesegnet sind, diese edle Aufgabe mit Wohlwollen an dieselben delegieren lassen.

Gerne probiere ich Neues auf der Suche nach meinem Lieblingsbrot, lande am Ende dann doch immer wieder bei meinen drei oder vier Lieblingsbäckern, denen ich die Treue halte. Für „die beste Handsemmel der Welt" nehme ich Wege auf mich, die andere belächeln mögen. Aber mir ist die Herkunft von Brot mindestens genauso wichtig wie jene von Fisch oder Fleisch – und das besorgen wir üblicherweise auch bei einem Händler unseres Vertrauens.

Brot und Salz, Gott erhalt's

Brot steht heute wie damals für das „täglich Brot", also ein Grundnahrungsmittel. Salz hingegen war einst sehr kostbar. So verkörpert dieses traditionelle Einstandsgeschenk für eine Wohnungseinweihung noch immer die Kombination aus beidem: Möge man das Einfache wie das Besondere genießen. Dieser Gedanke gefällt mir und ich finde, er passt recht gut in das Kochbuch, das Sie gerade in Händen halten.

Meine Mama freut sich grundsätzlich über die Koch- und Essbegeisterung unserer Familie. Selbstverständlich berichten wir ihr ausführlich von unseren kulinarischen Experimenten und Erlebnissen, den Besuchen in sogenannten feineren Restaurants oder gar Gourmettempeln. Manchmal findet sie unsere Eskapaden etwas übertrieben, relativiert ihre Einschätzung aber dann doch mit den Worten: „Solang' dir noch ein normales Butterbrot schmeckt, mein Kind, ist ja alles in Ordnung ..."

Alles in Butter

-

In meiner Kindheit (oder sogar noch davor?!) gab es einen Slogan, der bis heute nichts an Gültigkeit und Berechtigung verloren hat: „Butter kann durch nichts ersetzt werden." Alle Freunde von Margarine mögen mich verwünschen, aber aus meiner Sicht hat letztere keine Daseinsberechtigung - außer natürlich aus diätischen Gründen. Butter ist einfach eines der wunderbarsten Lebensmittel, mit dem es gelingt, aus anderen Zutaten alles an Geschmack herauszuholen, was irgend möglich ist.

Pur aufs Brot gestrichen, lohnt es sich herauszufinden, welche Sorte Ihnen am besten schmeckt: Süßrahm-, Sauerrahm- oder die geschmacksintensive Bauernbutter, ungesalzen, gesalzen oder mit feinen Salzkristallen (Fleur de Sel) - die Vielfalt ist groß.

Ich finde es fein, dass es inzwischen auch bei uns üblich ist, in Restaurants Brot und Butter bzw. Aufstriche, Olivenöl oder Dips vor dem Essen zu servieren. Wäre das nicht auch eine nette Idee für zuhause - statt einer Vorspeise zum Beispiel?

Basilikumbutter: Fein gehacktes Basilikum und etwas Salz in weiche Butter einrühren. In kleine Schüsselchen streichen und mit etwas Butterpapier abgedeckt durchkühlen.

Auf dieselbe Weise können Sie andere Varianten Kräuterbutter selbermachen. Probieren Sie einmal Schnittlauch, Kerbel, Dille oder eine Kräutermischung!

Sardellenbutter: Von 2 Sardellen das Öl abtupfen und gemeinsam mit 1 TL kleinen Kapern ganz fein hacken. In ⅛ zimmerwarme Butter einrühren, in eine Schale streichen, abdecken und kühl stellen.

Wie wär's mit einer bunten Jause? Radieschen, Gurke, Paradeiser, Paprika, Kohlrabi, Kresse, Basilikum, Schnittlauch & Co. schmecken einfach köstlich.

Kräuterbutter: Wenn Sie Kräuterbutter fürs Grillen zubereiten, machen Sie gleich ein wenig mehr und formen Sie Rollen, die Sie in Butterpapier eingewickelt gut eine Woche im Kühlschrank aufheben können. Dazu passen kräftige Kräuter wie Liebstöckel (sparsam verwendet), Petersilie, Thymian oder auch Schnittsellerie sehr gut. 1 TL Senf dazugemischt, macht's noch würziger.

Man lebt nicht nur vom Brot allein

-

Ein unkompliziertes Essen für Kinder, Freunde und Familie ist das Brotbuffet: Fertige Butterbrote und jede Menge fein gehackte Kräuter, dazu Salz und schon kann es losgehen. Die Gäste tauchen die Brote mit der Butterseite in die Kräuter ein - mmmhm!

Die Haltbarkeit eines Butterbrots ist natürlich sehr begrenzt. Deshalb eignen sich für manche Gelegenheiten Topfenbrote viel besser. Für die Schulfeste der Buben haben wir immer gemeinsam Topfengesichter „gemalt" - mit Kräutern, Blüten, Karotten und Radieschen. Die Brote gingen sprichwörtlich weg wie die warmen Semmeln, obwohl sie ja eigentlich „gesund" waren ...

Schneller Kräutertopfen:

¼ kg Topfen mit einer Handvoll gemischter, gehackter Kräuter vermischen, etwas Salz und Pfeffer dazu - fertig!

„Echter" Topfenkäse:

¼ kg Bauerntopfen (der ist etwas gröber), 2 EL Sauerrahm, 2 Jungzwiebeln ganz, ganz fein gehackt, Salz, Pfeffer und Schnittlauch - so macht ihn meine Mama (und auch ich, wenn ich's nicht so eilig habe).

Liptauer:

¼ kg Topfen, 2 EL Sauerrahm, 1 EL scharfer Senf, 1 EL Paprikapulver (edelsüß), 2-3 fein gehackte Essiggurkerl, ½ gewürfelte Zwiebel und 1 Prise Kümmel miteinander vermischen. Im Original gehören eigentlich auch 10 dag Butter dazu, aber die schmiere ich lieber extra auf die Brote!

Schon als Kinder liebten mein Bruder und ich auf langen Autofahrten die köstlichen Jausenbrote, die meine Mama kurz vor der Abfahrt zubereitet hatte.

Jetzt ist es mein Partner Dieter, der extra früher aufsteht, um Berge von Schinken-, Wurst- oder Salamibroten herzurichten, jedes mit Paprika, Gurkenscheiben, Essiggurkerln oder Käse garniert, oben und unten mit Topfen oder ein wenig Senf bestrichen. Deren Geruch ist so verlockend, dass wir meistens schon auf dem Weg zur Autobahn beginnen, die ersten auszupacken ...

Blunz'n-Radln mit Krautsalat

—

20 Minuten
+ Zeit für den Krautsalat

Zutaten:

60–80 dag Blunze zum Braten
1 EL Butterschmalz
oder Pflanzenöl

für den Salat:

1 kleines Frühkraut
(ca. 60–80 dag)
3 EL Apfelessig
6 EL Rapsöl
1 TL Kümmel
Salz

Das Weißkraut vom Strunk und den Außenblättern befreien und fein schneiden. In eine große Schüssel geben und großzügig mit Salz bestreuen. Etwas durchkneten, damit sich das Salz gut verteilt. ½–1 Stunde rasten lassen, leicht abpressen und die Flüssigkeit weggeben. Essig mit derselben Menge Wasser und Kümmel aufkochen, über das Kraut verteilen, gut marinieren. Danach das Öl dazugeben und vermischen, wenn nötig noch nachsalzen.

Zum Braten benötigen Sie eine besondere Sorte Blunze, die man auch roh essen kann. Diese ist vorgegart und enthält mehr (sichtbare) Fettwürfel. Eine normale Blutwurst würde nämlich beim Braten zerfließen. Bei meinem Fleischhauer heißt sie „Wachauer Blunze", aber ich habe sie auch schon unter anderen Bezeichnungen entdeckt.

Schneiden Sie gut 1 cm dicke Scheiben, die Sie beidseitig leicht mit Mehl bestäuben. Das Fett erhitzen und die Blunzenscheiben beidseitig knusprig anbraten. Wenn Sie es sich bequemer machen möchten, können Sie die Blutwurst auch im Backrohr zubereiten. Auf einem mit Backpapier ausgelegten Blech etwa 4–6 Minuten unter den Grill (das tut's auch auf einer Seite) – fertig!

Bei uns gibt's dieses Gericht gern als schnelles Essen während der Woche, deshalb gibt's türkisches Fladenbrot dazu. Natürlich passen auch geröstete Erdäpfel gut, aber die sind mir unter der Woche zu aufwändig in der Zubereitung. Manchmal muss es ja flott gehen – nun ja, meistens eigentlich.

Rosmarin-Henderl

—

25 Minuten
+ 60 Minuten Backzeit

Zutaten:

1 Bio-Henderl (1,6–2 kg schwer)
3 EL Olivenöl
3/8 l Weißwein
  oder Hühnersuppe
2 Bio-Zitronen
2 EL Butter
1 TL Honig
Rosmarin, Salz, Pfeffer

Das Henderl beidseitig entlang des Rückgrats aufschneiden und auseinanderklappen. Das Rückgrat zur Seite geben. Die Innenseite kräftig salzen und pfeffern, die Hautseite mit Olivenöl bestreichen und salzen.

Eine Zitrone in große Stücke teilen, großzügig Rosmarinzweige darauf verteilen und das aufgeklappte Henderl mit der Hautseite nach oben darauflegen – am besten auf ein Blech. Das Rückgrat schiebe ich unter die Haxerl. Wein oder Suppe zugießen. Im vorgeheizten Rohr bei 200 °C etwa 20 Minuten braten, danach die Temperatur auf 180 °C reduzieren und weitere 40–50 Minuten braten.

Das Henderl zerteilen, den Saft in eine kleine Kasserolle gießen. Die abgeriebene Schale und den Saft einer Zitrone mit dem Henderlsaft aufkochen, Honig und noch ein wenig Rosmarin hinzufügen und mit der kalten Butter montieren. Währenddessen werden die Hühnerteile nochmals für 3–5 Minuten gegrillt, damit sie noch knuspriger werden.

Dazu gibt's Reis, Risi-Pisi oder Bratkartofferl und ganz viel Salat. Dieses Henderl (oder Variationen davon) machen wir auf Wunsch unseres jüngeren Sohnes tatsächlich fast jeden Sonntag – und alle freuen sich Woche für Woche unbändig darauf. Wenn das Henderl kleiner ist, braten wir gerne noch ein paar Flügerl extra mit. Die kommen dann erst die letzten 30 Minuten mit aufs Blech.

Hendlherzen in Sojasauce

—

5 Minuten

Zutaten für
eine Vorspeise oder Tapas:

20 dag Hühnerherzen
1 EL Butter
1 TL Sojasauce
1 TL süße Chilisauce
1 Chili oder Pfefferoni
(wer das mag)
Koriander (je nach Geschmack)
ausnahmsweise kein Salz!

Die Hühnerherzen in Butter rundherum anbraten. Mit Sojasauce ablöschen und mit der Chilisauce für die nötige Süße sorgen. Wer's gern richtig scharf mag, gibt zum Schluss noch einen dünn geschnittenen Chili oder Pfefferoni hinzu.

Noch 2–3 Minuten in der Pfanne nachziehen lassen, Koriander darüberstreuen und mit Baguette genießen.

Wenn wir zufällig auch Leber von unserem Geflügelhändler bekommen, bereiten wir diese ähnlich zu, nur muss man beim Anbraten mit der Temperatur etwas zurückhaltender agieren, denn sie sollte noch rosa bleiben. Da kommen dann noch ein paar Apfelspalten in die Pfanne, ein wenig Aceto balsamico – herrlich!

Immer wieder „fordern" wir unsere Gäste mit solch eher ungewöhnlichen Speisen heraus, indem wir sie bei einer Einladung als Tapas in der Küche servieren. Viele schrecken gerade bei Innereien zunächst zurück, finden allerdings nach einer kleinen Kostprobe durchaus daran Geschmack, sogar an Leber, Nieren, Herz, Bries, Zunge und Ähnlichem. Ich bin mir gar nicht sicher, ob wir vorher immer dazu sagen, was da gerade auf dem Teller gelandet ist ...

Geschmorte Lammhaxerl

—

25 Minuten
+ 2 Stunden Backzeit

Zutaten:

4 Lammhaxerl
4 EL Olivenöl
2 Karotten
1 Stück Sellerie
2 ganze Knoblauchknollen
3 EL Paradeismark
⅛ l Vermouth
½ l Gemüse- oder Hühnersuppe
½ l Weiß- oder Rotwein
2 Lorbeerblätter
10 Wacholderbeeren
Salz, Pfeffer
einige Zweige Rosmarin
und Thymian

Die Lammhaxerl gut salzen, wenn möglich schon am Vortag, ansonsten vor dem Braten. 3 EL Olivenöl in einem Bräter erhitzen und die Lammhaxerl darin rundherum scharf anbraten. Die Haxerl auf die Seite geben, das überschüssige Öl wegleeren. Das in grobe Würfel geschnittene Gemüse in 1 EL Olivenöl anbraten, das Paradeismark hinzufügen und mit Vermouth (oder Wein) ablöschen. Gewürze und Kräuter hinzufügen. Gut durchrühren und mit Suppe und Wein aufgießen. (Sie können auch nur Wein nehmen, wenn Sie keine Suppe haben.)

Die Knoblauchknollen quer halbieren und gemeinsam mit den Lammhaxerln auf das Gemüsebett legen. Bei fallender Temperatur im vorgeheizten Backrohr garen: 15 Minuten bei 180 °C, 30 Minuten bei 160 °C und dann noch 1 ¼ Stunden bei 140 °C. Zwischendurch mehrmals mit dem Saft übergießen. Wenn Sie den Eindruck haben, das Fleisch wird trocken, decken Sie es mit Alufolie ab.

Mit Rosmarinkartoffeln, Erdäpfel Wedges oder Polenta servieren. Oder Sie probieren das Karfiol Taboulé von Seite 99 dazu, das passt vorzüglich!

Ehrlich gesagt, ist das Anbraten eine ziemliche „Sauerei". Von einer lieben Küchenfreundin erhielt ich einen guten Tipp, um den vielen Fettspritzern vorzubeugen: Sie legt die Arbeitsflächen rundherum mit Zeitungspapier aus, das sie danach einfach wieder entfernt, um in einer halbwegs ansehnlichen Küche weiterzuwerkeln.

Klassisches Rindfleisch

—

20 Minuten
+ 120 Minuten Kochzeit für das Rindfleisch

Zutaten:

1–1,5 kg Rindfleisch (Schulterscherzel, Kruspelspitz, Tafelspitz)
einige Rinderknochen (auch Markknochen)
Suppengrün (Sellerie, Petersilienwurzel, Karotten, Lauch, Zwiebel)
2 Lorbeerblätter, einige Wacholderbeeren und Pfefferkörner, Liebstöckel, Salz

Fleisch und Knochen kurz abspülen. In einem großen Topf 4–5 Liter Wasser zum Kochen bringen und das Fleisch einlegen. Den in den ersten 15–20 Minuten aufsteigenden Schaum abschöpfen, danach alle Gewürze hinzufügen und insgesamt ca. 1 ¾ Stunden bei schwacher Hitze kochen. Währenddessen das Suppengemüse zuputzen, in grobe Stücke schneiden und erst in der letzten Viertelstunde mitkochen.

Meist koche ich gleich eine größere Menge Rindfleisch und gebe ein Stück Beinfleisch dazu. Das ist einigermaßen fett, aber die Suppe schmeckt dann umso besser. Von so einem Rindfleisch kann man gleich mehrere Gerichte zubereiten (man kann's auch gut aufwärmen), sodass man sich in den nächsten Tagen Arbeit spart – und auch die Überlegung: Was soll ich heute kochen?

Wenn Sie übrigens „nur" eine Rindsuppe zubereiten, dann stellen Sie das Fleisch mit dem Wasser kalt zu.

Das Rindfleisch 15 Minuten vor dem Servieren aus der Suppe nehmen, in Folie einwickeln. Eventuell mit einem Küchentuch bedecken, damit es nicht auskühlt, und rasten lassen. In dünne Scheiben schneiden, diese mit etwas Suppe übergießen und mit etwas Schnittlauch bestreuen.

Bei meiner Urgroßmutter gab es laut Erzählungen meiner Mama immer 7 (!) Beilagen zum „Garnierten Rindfleisch".

Ganz so viele mache ich nicht, aber hier ist eine kleine Auswahl.

Gedünstetes Blaukraut

—

1 kg Blaukraut, mit der Hand geschnitten – nicht zu grob und nicht zu fein, sagt meine Mama –, gibt man in ein Sieb und spült es kurz ab. 2 EL Butter in einem großen Topf zergehen lassen und das Blaukraut hineingeben. 1 TL Zucker, Salz und eine großzügige Prise Kümmel hinzufügen und gut verrühren. Einen säuerlichen Apfel (zum Beispiel Boskop) schälen, klein schneiden und hinzufügen. Eventuell mit einen Schuss Rotwein aufgießen, wenn zu wenig Flüssigkeit vorhanden ist. Etwa 20 Minuten dünsten. Das Kraut muss auf jeden Fall noch Biss haben. Mit 1 EL Mehl stauben, die Hitze erhöhen, mit einem Schuss Apfelessig ablöschen und nochmals gut verrühren. Vom Feuer nehmen und zugedeckt ein paar Minuten nachziehen lassen.

Semmelkren

—

2 alte Semmeln in Würfel schneiden. Wenn Sie fertige Semmelwürfel bzw. Knödelbrot verwenden, dann nehmen Sie etwa 30 dag. Mit etwa 400 ml heißer Rindsuppe ein paar Minuten kochen.
Gut durchrühren, sodass eine breiige Masse entsteht, die Semmelwürfel aber ihre Konsistenz behalten. Bei Bedarf noch mehr Suppe zugeben, damit es nicht zu pampig wird. Etwa 3 EL gerissenen Kren (oder auch mehr, je nach Geschmack) unterrühren und kräftig salzen.

Karotten-Gemüse

—

½–¾ kg Karotten schälen und in Scheiben schneiden. 1–2 EL Butter erwärmen, die Karotten darin anlaufen lassen, mit Salz, Pfeffer und Muskatnuss würzen. Mit einem Schuss Wasser (oder Suppe) aufgießen und zugedeckt ca. 10 Minuten dünsten. Petersilie fein hacken und unter die Karotten mischen, nochmals 1 Minute gemeinsam weiterdünsten und servieren.

Kohlrabi-Gemüse

—

Auf dieselbe Art und Weise bereite ich auch Kohlrabi-Gemüse zu. Schmeckt herrlich buttrig und die großzügig verwendete Petersilie verleiht herrliche Frische. Außerdem schneide ich auch die Blätter des Kohlrabi klein und dünste sie noch eine Minute mit. Zum Schluss rühre ich gerne noch einen großzügigen Esslöffel Crème fraîche unter.

Dill-Sauce

—

2 EL Butter zergehen lassen, 2 EL Mehl hinzufügen und kräftig rühren. Zunächst mit einem Schuss kaltem (!) Wasser ablöschen, mit einem Schneebesen weiterrühren und die Einbrenn nach und nach mit warmer Rindsuppe aufgießen. Mit einem Schuss Essig abrunden, eventuell noch etwas Obers hinzufügen, salzen und zum Schluss einen Bund klein gehackte Dille einrühren.

Geröstete Erdäpfel

—

1 kg speckige Erdäpfel kochen und schälen. 1 Zwiebel fein würfeln. In einer großen Pfanne 2–3 EL Butter zergehen lassen, die Zwiebel darin glasig dünsten. Die Erdäpfel in Scheiben schneiden und mit großzügig Salz und einer Prise Kümmel knusprig rösten. Wenn die gekochten und geschälten Erdäpfel ein wenig Zeit zum Rasten haben, werden die „G'rösteten" nicht matschig, also kein Erdäpfelschmarr'n, sondern behalten ihre Konsistenz. Auch hier gilt wie so oft: Jeder nach seinem Geschmack!

Rindfleisch in Essig und Öl

—

15 Minuten

Zutaten:

ca. ½ kg gekochtes Rindfleisch
1 mittelgroße Zwiebel
Schnittlauch
Kapuzinerkresse

für die Marinade:

4 EL Weinessig
4–6 EL Kürbiskernöl
Salz, Pfeffer

Wenn Sie vorhaben, das Rindfleisch auch kalt zu essen, eignen sich eher die mageren Sorten wie Tafelspitz oder Mageres Meisel. Fragen Sie Ihren Fleischhauer danach. Das Fleisch in dünne Scheiben schneiden. Wenn das Fleisch einen Fettrand hat, schneide ich ihn weg.

Die Zwiebel in Ringe schneiden und etwa 10 Minuten mit dem Essig und einer kräftigen Prise Salz ziehen lassen. Das macht die Zwiebel bekömmlicher.

Ein bisschen Grün tut nicht nur der Optik dieses sonst recht einfachen Essens gut, es bringt auch Frische. Deshalb lege ich die Teller gern mit Blättern der Kapuzinerkresse aus. Auch Wildkräuter passen geschmacklich hervorragend. Das Fleisch darauf anrichten, die Zwiebel verteilen, mit dem Essig von den Zwiebeln sowie dem Kernöl beträufeln, salzen und pfeffern.

Je nach Gusto können Sie das Rindfleisch noch mit Paradeiserscheiben oder Paprikastreifen garnieren. Großzügig mit Schnittlauch bestreuen und zusätzlich Kernöl und Weinessig zum Nachwürzen reichen.

Klassische Hühnersuppe

—

25 Minuten
+ 2–4 Stunden Kochzeit

Zutaten:

1 Bio-Henderl oder
2 Hühnerkarkassen
4–6 Karotten und/oder
gelbe Rüben
¼ Sellerieknolle
2 Peterwurzeln
1 Stück Lauch (ca. 10 cm)
1 Zwiebel (ungeschält)
2 Knoblauchzehen
1 Stück Ingwer (4–6 cm)
etwas Liebstöckel und Petersilie
2 Lorbeerblätter
je 10 Wacholderbeeren
und Pfefferkörner

Wenn ich ein Henderl im Ganzen verwende, trenne ich Brust und Haxerl ab, der Rest kann auf der Karkasse bleiben. Das Suppengemüse wasche ich sorgfältig, es muss aber nicht geschält werden. Der Ingwer jedoch wird sehr wohl geschält und in grobe Stücke geschnitten. Knoblauch und Zwiebel bleiben, wie sie sind.

Die Hühnerteile bzw. -karkassen in einen großen Topf mit etwa 4–5 Liter Wasser geben und zum Kochen bringen. In den ersten 15 Minuten den Schaum abschöpfen, gegebenenfalls fehlendes Wasser nachfüllen. Erst dann kommen Suppengemüse, Kräuter und Gewürze hinzu.

Nach 30 Minuten die Hühnerbrust und nach 45 Minuten die Haxerl herausnehmen, auslösen und die Knochen wieder zurück zur Suppe geben. Das Fleisch in der Zwischenzeit abgedeckt kühl stellen. Die Suppe soll insgesamt mindestens 2, besser noch 4 Stunden auf niedriger Hitze köcheln. Abseihen – fertig! Gesalzen wird erst bei der weiteren Verarbeitung.

Für die klassische Hühnersuppe koche ich Karotten, Sellerie, Peterwurzel und ein paar Erbsen (wegen der Farbe) – und natürlich Suppennudeln sowie Hühnerfleisch, wenn ich Hühnerkarkassen für die Suppe verwendet habe. Das gegarte, klein geschnittene Fleisch kommt gemeinsam mit den anderen Zutaten in die Suppenschalen, großzügig Salz und Schnittlauch dazu – Mahlzeit!

Bei dieser Menge bleibt natürlich Suppe übrig. Die brauchen wir auch für die asiatische Suppe, die gibt's nämlich am nächsten Tag. Der Rest wird eingefroren oder für Risotto oder Gemüsesuppen verwendet.

Asiatische Hühnersuppe

—

20 Minuten

Zutaten:

1 ½ l Rind- oder Hühnersuppe
20 dag Hühnerfleisch (Keule oder Brust)
1 Stück Ingwer (4–6 cm)
2 Knoblauchzehen
15 dag Reisnudeln
Gemüse (zum Beispiel Jungzwiebel, Brokkoli, Zuckerschoten, Karotten, Chinakohl, Kraut, Sojasprossen usw.)
1 Paradeiser
Salz, Chili, Zitronengras, Zitronensaft
Fischsauce bzw. Nuoc mam
Koriander (je nach Geschmack)

Reisnudeln, Karotten, Brokkoli und Zuckerschoten in gesalzenem Wasser bissfest kochen – je nach Sorte bzw. Gemüse etwa 2–4 Minuten.

Die Suppe zum Kochen bringen, den Ingwer schälen, in Scheiben geschnitten mitkochen, ebenso eine Stange Zitronengras (im Ganzen) und großzügig Salz. Das klein geschnittene Fleisch darin 4–6 Minuten ziehen lassen. Die Suppe soll nicht sprudeln und das Hendl soll gerade durch sein und schön saftig bleiben.

Ingwer und Zitronengras aus der Suppe geben. In Streifen geschnittene Jungzwiebel oder Chinakohl sowie Spinat oder Sojasprossen roh in die Suppenteller einlegen.

Nudeln und das gekochte Gemüse dazugeben und mit der Suppe aufgießen. Zum Schluss die Tomatenscheiben hinzufügen und mit Salz, klein gehackten Chilis, etwas Zitronensaft, Fischsauce und grob gehacktem Koriander würzen.

Essen ist fertig

Welch wohliger Klang, wenn diese Worte im Haus ertönen.
Der Tisch gedeckt, die Gläser gefüllt.
Der Duft so köstlich, dass die Liebsten voll Vorfreude in die Küche eilen und fragen, was es denn heute wieder Gutes gäbe ...

Tja, leider vermögen diese Worte im richtigen Leben „meine Männer" nicht wirklich zu bewegen. So rufe ich dann doch stets einige Male und ziemlich laut, bis sie erscheinen.

Dann jedoch, darf ich zu ihrer Ehrenrettung sagen, machen sie sich beim Servieren dienstbar und sind dankbar, dass ich sie täglich mit frisch und selbst Gekochtem verwöhne. Sobald wir gemeinsam am Tisch sitzen, freue ich mich, dass ich mir einmal mehr die Mühe gemacht habe, und genieße die gemeinsame (Mahl-)Zeit mit meinen Lieben.

Erlaubt ist, was gefällt

-

Nicht nur aus Kochbüchern oder bei Kochkursen, von Profis und ambitionierten Amateuren habe ich das Glück gehabt, viel zu lernen. Auch von meinen Kindern, die sich neuerdings nicht mehr mit Tisch decken, Kräuter zupfen und Gurken schälen begnügen.

Unvoreingenommen, spontan und voller Lust auf Neues werkeln sie in der Küche, meist zur Selbstversorgung: der Große für sich und seinen Bruder, inzwischen auch für Freunde oder die Familie.

Da wird ein ganzer Nachmittag in die Zubereitung von Mehlspeisen oder Konfekt investiert. Oder es werden spontan zwei ausgefallene Schulstunden genützt, um Freunde mit einem blitzschnellen Nudelgericht zu versorgen.

Ausprobieren, ohne Sorge, dass etwas schief gehen könnte, sich an Rezepte heranwagen, die selbst den kocherfahrenen Eltern Respekt abnötigen, der unbändige Wille, die beste, nein die allerbeste Eierspeise zu rühren - es ist wundervoll, dass Essen so viel mehr sein kann als Nahrungsaufnahme, auch und besonders für die junge Generation.

Aufs richtige „Werkzeug" kommt es an

-

Mussten Sie schon einmal mit einem stumpfen Messer eine Zwiebel in kleine Würfel schneiden? Oder nach dem Essen mühselig angebrannte Speisereste aus der Pfanne kratzen? Kostet alles unnötig Zeit und macht ganz und gar keinen Spaß.

Meine Erfahrung ist, dass erst mit dem richtigen „Werkzeug" der Genuss bereits beim Kochen anfängt. Manche Geräte oder Utensilien sind wahre Helden in meinem Küchenalltag.

Der Topf zum Beispiel, der nicht 15 Minuten braucht, damit das Nudelwasser kocht. Das banale Backpapier, das dafür sorgt, dass das Abwaschen von Blechen ruckzuck erledigt ist. Küchenreiben, die wirklich scharf bleiben, weil wir sie mit der Hand abwaschen und nicht im Geschirrspüler. Und ja, auch unsere nicht gerade lebensnotwendige Aufschnittmaschine, mit der wir Schinken, Speck und Wurst (vor allem meine heiß geliebte ungarische Salami) frisch und hauchdünn schneiden können.

Messerscharf kombiniert

-

Investieren Sie in ein paar gute Teile. Diese halten meist ein Küchenleben lang, allerdings nur, wenn man sie sorgsam behandelt. Egal, ob Wellschliff oder glatt - ein Küchenmesser gehört niemals (!) in den Geschirrspüler. Die lang andauernde hohe Temperatur und das Salz ruinieren jede Klinge, sodass diese innerhalb kürzester Zeit stumpf wird. Kochmesser müssen mit der Hand gespült werden, am besten nur kurz und mit wenig Spülmittel. Hüten Sie Ihre Messer gut, dann haben Sie lange Freude daran!

Natürlich schneide ich mir mit unseren superscharfen Messern hin und wieder auch in den Finger. Die Schuld liegt aber nicht am Messer sondern an mir: Unachtsamkeit, Hektik, vermeintlicher Zeitmangel - was auch immer es ist, inzwischen liegen in der Messerlade einfach ein paar Pflaster, für den Fall der Fälle!

Das Angebot an Messern ist schier endlos. Aber man braucht nicht viele, um für die meisten Küchenarbeiten gut ausgestattet zu sein:

Brotmesser (mit Wellschliff)

So ein großes, kräftiges Wellschliffmesser kann selbst harte Krumen gut bewältigen und gleichzeitig zerdrückt es weichere Brote (wie weiße Wecken) nicht. Messer mit glatter Klinge würden durch das Schneiden von Brot stumpf werden.

Kochmesser (gerader Schliff)

Die etwa 20 cm lange Klinge bewältigt spielend leicht Fleisch, Fisch, Wurst und natürlich Gemüse. Mit ihm wird Zwiebel schneiden zum Kinderspiel, Kräuter hacken geht im Handumdrehen und alle anderen Schneidarbeiten sind ein Vergnügen.

Tomatenmesser

Ein eigenes Messer für eine einzige Gemüsesorte? Nun, wenn Sie diesen feinen Wellschliff einmal in die rutschige Tomatenhaut geritzt haben, werden Sie es nie wieder hergeben wollen. Auch für andere Gemüse wie Paprika oder Jungzwiebel ist es für mich unverzichtbar.

Schälmesser

Dieser kleine Alleskönner mit gerader oder gebogener Klinge ist vielseitig verwendbar. Ich verspreche jetzt nicht, dass damit Kartoffel schälen Spaß machen wird, aber es geht zumindest leichter von der Hand.

Gut Holz

-

Nicht nur, womit man schneidet, sondern auch worauf hat eine Auswirkung auf die Lebensdauer Ihrer Messer. Schneidbretter aus Kunststoff (oder gar Glas oder Stein) ruinieren auf Dauer jede Klinge.

Selbst wenn die Verwendung von Küchenbrettern aus Holz immer wieder diskutiert wird: Mit heißem Wasser und Spülmittel gewaschen und gut getrocknet sind sie sehr hygienisch, einige Holzsorten wirken sogar antibakteriell. Unverzichtbar ist natürlich, die Küchenbretter regelmäßig zu ersetzen.

Heavy Metal?

-

Auch bei den beschichteten Pfannen - ich verwende kaum andere - waren wir uns einig, in gute Qualität zu investieren. Ein Kurs bei einem renommierten österreichischen Haubenkoch hat unsere Einstellung jedoch verändert: Ansonsten mit allerlei High-End-Gerätschaften der Kategorie „Das-brauchen-wir-auch-unbedingt-noch" ausgestattet, hatte er doch tatsächlich billige Pfannen aus einem recht bekannten Möbelhaus in Verwendung. Darauf angesprochen meinte er lakonisch, dass sowieso alle Beschichtungen in kürzester Zeit zerkratzt seien und er die Pfannen tauschen müsse, deshalb gebe er dafür nicht mehr so viel Geld aus. Schon auf der Rückfahrt haben wir ein Sortiment dieser „Wechselpfannen" besorgt ...

So oder so behandeln wir sie pfleglich: Die Berührung mit Messern, Gabeln und sonstigen Metallteilen ist tabu. Selbst Kunststoff beschädigt die Beschichtung, weshalb wir ausschließlich Holz zum Umrühren oder Wenden benützen. Also meistens zumindest ...

Für gusseiserne bzw. geschmiedete Pfannen und Töpfe gilt das mit dem häufigeren Auswechseln nicht. Die hat man tatsächlich ein Leben lang, wenn man sie gut pflegt - sprich, nach Verwendung mit einem Tuch reinigt und gut einölt.

Von meiner Mama habe ich in Sachen Kulinarik viel übernommen - unter anderem die Liebe zu Geschirr, Tischwäsche und Gläsern. Glücklicherweise hat die ganze Familie viel Verständnis dafür - und so haben wir beim letzten Italienurlaub wieder einmal zugeschlagen. Jedes Mal, wenn wir die bunte Keramik verwenden, ist es ein bisschen wie Urlaub.

Gemeine Verführer

– SÜSSES –

Rahmerdbeeren

—

10 Minuten

Zutaten:

¾ kg Erdbeeren

¼ l Sauerrahm

1–2 EL Kristallzucker

oder 2 EL Minzesirup

Das ist ein so einfaches Dessert, dass ich mir zunächst dachte, das kann ich ja gar nicht ins Kochbuch aufnehmen. Aber immer wieder bin ich von der Reaktion von Freunden überrascht, wenn ich diese Nachspeise serviere. Die Säure des Rahms harmoniert aus meiner Sicht viel besser mit den Früchten als Schlagobers. Der (selbstgemachte) Minzesirup (von Seite 75) gibt dem Ganzen eine pikante Note – und alles zusammen führt dazu, dass es bei uns die Rahmerdbeeren mindestens zweimal wöchentlich gibt, solange die Erdbeersaison läuft.

So einfach geht's: Erdbeeren in kleine Stücke schneiden. Ungefähr ¼–⅓ der Beeren kommen in einen Becher, in dem sie mit Zucker oder Sirup zerquetscht oder püriert werden. Den Rahm mit dem Mus verrühren und mit den Erdbeerstücken vermischen.

Das Mus mit dem Rahm können Sie übrigens ohne weitere Zutaten zu selbstgemachtem Erdbeereis verarbeiten. Einfach in die Eismaschine geben, geduldig bleiben und genießen!

Zitronenkuchen

—

30 Minuten
+ 45 Minuten Backzeit

Zutaten für 12 Portionen:

25 dag Butter
16 dag Staubzucker
25 dag Mehl
6 Eier
1 TL Backpulver
3 Bio-Zitronen
12 dag Kristallzucker

Eine Kastenform buttern und mehlen, das Backrohr auf 180 °C vorheizen.

Für den Teig die Schale der Zitronen abreiben und mit Mehl owie Backpulver vermischen. Die Eier trennen. Die zimmerwarme Butter mit dem Staubzucker schaumig rühren, die Eidotter nach und nach dazugeben, ebenso die Mehlmischung. Die Eiklar zu einem festen Schnee schlagen und diesen mit dem Schneebesen behutsam unter die Teigmasse heben: zuerst ⅓, danach den Rest. Die Masse in die Kastenform füllen. Bei Ober- und Unterhitze ca. 45–50 Minuten backen.

Für den Sirup den Saft der drei Zitronen mit dem Kristallzucker unter Rühren kurz aufkochen, bis sich der Zucker auflöst. Etwas auskühlen lassen.

Den Kuchen aus der Form stürzen und wieder umdrehen. Mit einem Holzstäbchen kleine Löcher hineinstechen und mit Sirup übergießen.

Vanillerisotto

—

20 Minuten

Zutaten:

- 150 g Risottoreis (zum Beispiel Arborio)
- 1 EL Butter
- 1 Vanilleschote oder 1 Pkg. Vanillezucker
- 400 ml Milch
- 2 EL Zucker
- 1⁄16 l Schlagobers
- 1 Schuss kalte Milch
- Früchte als Beilage

Milch mit der ausgekratzten Vanille bei mittlerer Hitze erhitzen, aber nicht kochen.

Den Reis in der erwärmten Butter 1–2 Minuten anlaufen lassen. Nach und nach unter ständigem Rühren die heiße Milch hinzufügen, bis der Reis al dente ist. Das dauert je nach Sorte etwa 16–20 Minuten. Zucker, Schlagobers und einen Schuss Milch unterrühren. Vor dem Anrichten ein wenig auskühlen lassen bzw. kühl stellen, wenn Sie es zu einem späteren Zeitpunkt servieren möchten.

Das Vanillerisotto auf kleine Schüsserl verteilen und mit frischen Beeren oder Obst anrichten. Auch ein Kompott (Apfel, Birne, Quitte) passt gut dazu.

Legendärer Ribisel-Kuchen

—

15 Minuten
+ Backzeit

Zutaten für 6 Portionen:

7 dag Butter (zimmerwarm)
9 dag Staubzucker
11 dag Mehl
2 Eier (getrennt)
ca. ¼ kg Ribiseln
3–4 EL Kristallzucker
1 Prise Salz

Die zimmerwarme Butter mit dem Zucker schaumig rühren, zwei Eidotter dazugeben und das Mehl unterheben. Den Teig in eine kleine Springform geben (20–22 cm Durchmesser) und im vorgeheizten Backrohr bei 200 °C 15–20 Minuten vorbacken.

Eiklar zu einem festen Schnee schlagen, mit Salz und Kristallzucker ausschlagen. Die verlesenen Ribiseln unterheben und die Masse auf den Teigboden streichen. Bei 160 °C weitere 10–15 Minuten backen.

Dass eine Speise den Status einer Legende erreicht, ist selbst in unserer durchaus als koch- und backwütig zu bezeichnenden Familie keine Kleinigkeit. Der sogenannte „Sieme-neine-öfe" hat diese Bezeichnung wahrhaftig verdient. Eigentlich ist sein Spitzname eine Erinnerungsstütze für die Zutaten. Allerdings bäckt Mama den Kuchen in der Ribiselzeit so häufig und so schnell, dass man das Rezept beim besten Willen gar nicht erst vergessen kann.

Sogar beim Fotografieren dieses Kochbuchs kam das eine oder andere Mal ein Anruf meiner Mama mit der Frage: „Habt ihr schon eine Mehlspeise?" Längstens 45 Minuten nach einem hoffnungsfrohen „Nein, noch (!) nicht ..." stand sie schon bei uns in der Küche mit diesem köstlichen Kuchen. Danke!

Dekonstruierte Cremeschnitte

—

25 Minuten
+ Kühlzeit

Zutaten für 6–8 Portionen:

2 Eier
6 dag Kristallzucker
1 Vanilleschote oder
  1 Pkg. Vanillezucker
½ l Schlagobers
6 Blatt Gelatine
1 Portion Blätterteig

Gelatine in kaltem Wasser einweichen. In einem kleinen Topf Wasser zum Kochen bringen. Die Hitze etwas reduzieren, sodass es noch dampft, aber nicht mehr sprudelnd kocht. Die Eier mit dem Zucker und dem ausgekratzten Vanillemark in einem Schneekessel über Dampf schaumig schlagen. Die Gelatine ausdrücken und in wenig Wasser bei niedriger Temperatur auflösen. Die Eiermasse vom Dampf nehmen und weiterschlagen, die Gelatine ganz langsam einrühren, sodass keine Klümpchen entstehen. Das geschlagene Obers unterheben.

Die Creme in Schüsserl füllen und einige Stunden im Kühlschrank erkalten lassen. Währenddessen den Blätterteig (eines der ganz wenigen Fertigprodukte, die ich in der Küche verwende) ausrollen, in spitze Dreiecke schneiden und mit der Gabel einstechen. Nach Packungsanleitung bzw. 15–20 Minuten bei 200 °C backen. Je ein bis zwei Dreiecke in die Schüsserl stecken, weitere extra servieren – und genießen!

Eine Cremeschnitte ist ja nicht nur heikel in der Zubereitung (das Schneiden ist eine Herausforderung!), sondern auch beim Essen: Kaum mit der Gabel hineingestochen, wird das „Ding" irgendwie zum „Unding", nämlich zu einer matschigen Angelegenheit mit vielen Bröseln. In einer Trattoria in Triest fand ich zum ersten Mal diese Art der „Crema" auf der Speisekarte, die beide Probleme sehr elegant löst.

Luftig-leichte Pavlova

—

25 Minuten
+ 60 Minuten Backzeit

Zutaten für 8 Portionen:

4 ganz frische Bio-Eier
(nur das Eiweiß)
23 dag feiner Kristallzucker
3 TL Speisestärke
1 Bio-Zitrone
½ l Schlagobers
1–2 EL Staubzucker
ca. ½–¾ kg Erdbeeren
oder gemischte Früchte

Eiklar von den Dottern trennen und halbsteif schlagen. Nach und nach den Kristallzucker hinzufügen und etwa 7–8 Minuten weiterschlagen, bis eine glänzende Masse entsteht. Die Zuckerkristalle sollten nicht mehr spürbar sein, wenn man die Baisermasse zwischen den Fingern verreibt. 3 TL Speisestärke (ich nehme Maisstärke), die abgeriebene Schale und 1 TL Saft der Zitrone darunterziehen. Den Schnee kreisrund auf ein mit Backpapier ausgelegtes Blech streichen und bei 120 °C im vorgeheizten Backrohr etwa 1 Stunde backen.

Kurz vor dem Servieren das Obers steif schlagen und 1–2 EL Staubzucker unterheben. Obers auf die Pavlova streichen und mit Beeren belegen. Ich nehme meistens nicht nur eine Beerensorte, sondern mische einfach, was mein Garten oder das Marktangebot hergibt.

Die Pavlova hat sich als Dessert bewährt, wenn wir Gäste haben. Sie ist erstens gut vorzubereiten (das Baiser backe ich oft schon am Vortag) und nach einem schweren Essen ist sie tatsächlich ein fruchtig-leichter Abschluss.

Gleichschwer Obst-Kuchen

—

30 Minuten
+ 35 Minuten Backzeit

Zutaten für die ganze Familie samt Besuch:

- 20 dag Butter
- 20 dag Staubzucker
- 20 dag Mehl
- 5 Eier
- 1 Vanilleschote oder 1 Pkg. Vanillezucker
- 1 TL Backpulver
- etwas abgeriebene Schale einer Bio-Zitrone
- 1 ½ kg Pfirsiche, Marillen oder Kirschen

Die weiche Butter mit den Eidottern verrühren, langsam Zucker und Vanillezucker bzw. das Mark einer Vanilleschote einrühren. Etwas abgeriebene Zitronenschale hinzufügen und das mit dem Backpulver vermischte Mehl löffelweise zufügen. Das Geheimnis eines Rührteiges ist aus meiner Sicht, dass er lange gerührt werden sollte, um eine homogene Masse zu erhalten.

Aus den 5 Eiklar einen steifen Schnee schlagen. Zuerst ⅓ des Schnees mit dem Schneebesen unterheben, danach den Rest. Dies sollte sehr vorsichtig erfolgen, damit der Teig schön flaumig bleibt. Den Teig auf ein mit Backpapier ausgelegtes Blech streichen und die gewaschenen, entkernten und mundgerecht geschnittenen Früchte gleichmäßig darauf verteilen. Kirschen entkerne ich nicht, weil sie dann beim Backen zu viel Saft verlieren.

Bei 180 °C im vorgeheizten Backrohr 35 Minuten backen.

Meine Familie hat beim Obst sehr unterschiedliche Präferenzen, sodass meist jeder seine Lieblingsfrucht auf einem Teil des Blechs wiederfindet!

Zitronige Panna Cotta

—

10 Minuten
+ Kühlzeit

Zutaten:

½ l Schlagobers
2–3 Zweige Zitronenverbene
1 Bio-Zitrone
5 dag Kristallzucker
2 Blatt Gelatine
Beeren

Das Schlagobers mit der Zitronenverbene, etwas abgeriebener Zitronenschale und dem Zucker 5 Minuten leicht köcheln lassen. Die Gelatine in kaltem Wasser einweichen.

Das Obers vom Herd nehmen, abseihen und die ausgedrückte Gelatine einrühren. Dessertgläser mit Wasser ausspülen und die Creme einfüllen. Die Förmchen zudecken und mindestens 6 Stunden kühl stellen.

Entweder im Glas oder gestürzt mit frischen Beeren, Fruchtmus oder einem feinen, klein geschnittenen Obstsalat servieren.

Die Panna Cotta ist schnell zubereitet und kann bereits gut am Vortag gemacht werden. Nicht nur deshalb serviere ich sie gerne, wenn Besuch kommt, sondern vor allem, weil „meine Männer", aber auch einige Gäste sich dieses Dessert immer und immer wieder wünschen.

Damit der Köchin nicht langweilig wird, variiere ich die Panna Cotta: Mitgekochter Rosmarin oder Minze bringen ein pikantes Aroma. Manchmal gebe ich auch etwas Karamell in die Gläser, bevor ich die Masse einfülle. Aber auch ohne – also nur die gekochte Panna, wie im Original – schmeckt sie immer wieder „bouonissimo".

Feiner Rhabarber-Kuchen

—

30 Minuten
+ Backzeit

Zutaten für 8 Portionen:

15 dag kalte Butter
8 dag Staubzucker
20 dag Mehl
2 EL geriebene Kürbiskerne
Salz
½ kg Rhabarber

für die Creme:

3 Eier
10 dag Staubzucker
1 Vanilleschote
125 ml Crème fraîche

Eine Springform (24 cm Durchmesser) mit Butter ausstreichen und das Rohr auf 200 °C vorheizen. Die Butter würfeln und mit den übrigen Zutaten in einer Schüssel zerkrümeln. Die Krümel auf dem Boden der Form verteilen, gut andrücken und 15–18 Minuten vorbacken.

Rhabarber schälen und in 2–3 cm große Stücke schneiden. Eier, Zucker und die ausgekratzte Vanille schaumig schlagen und mit der Crème fraîche verrühren. Den vorgebackenen Boden aus dem Backrohr nehmen, die Masse auf den noch heißen Boden geben und die Rhabarberstücke darauf verteilen. Bei 180 °C weitere 40–50 Minuten backen. Nach dem Abkühlen mit Staubzucker bestreuen.

Sündhafter Schokoladekuchen

—

10 Minuten
+ Backzeit

Zutaten für 8 Portionen:

20 dag Zartbitterschokolade
20 dag Butter
15 dag Kristallzucker
5 Eier
1 EL Mehl

Ich nehme zum Backen gerne Schokolade mit 60–70 % Kakaoanteil oder etwas weniger. 80 % oder gar 90 % sind schon sehr bitter – aber probieren Sie aus, was Ihnen am besten schmeckt. In diesem Fall kein Problem, denn der Kuchen ist so schnell gebacken und so schnell gegessen, Sie werden ihn bestimmt öfter machen!

Butter in einem Topf bei niedriger Temperatur erwärmen und Schokolade langsam darin schmelzen. Die Temperatur darf tatsächlich nicht zu hoch werden, sonst wird die Schokolade bröckelig. Zucker dazugeben und die Masse etwas abkühlen lassen. Nach und nach die ganzen Eier mit dem Schneebesen einrühren, am Schluss das Mehl darübersieben und ebenfalls verrühren.

In eine gebutterte und bemehlte Springform geben. Eine Silikonbackform ist etwas heikel, weil Sie den filigranen Kuchen dann stürzen müssten. Im vorgeheizten Rohr bei 190 °C 25 Minuten backen.

Sie können den Kuchen noch lauwarm essen. Oder Sie bereiten ihn am Vortag zu und wärmen ihn vor dem Servieren noch einmal kurz im Backrohr. Er bekommt oben eine schöne Kruste und ist in der Mitte weich und etwas klebrig – genauso soll's sein!

Mehl

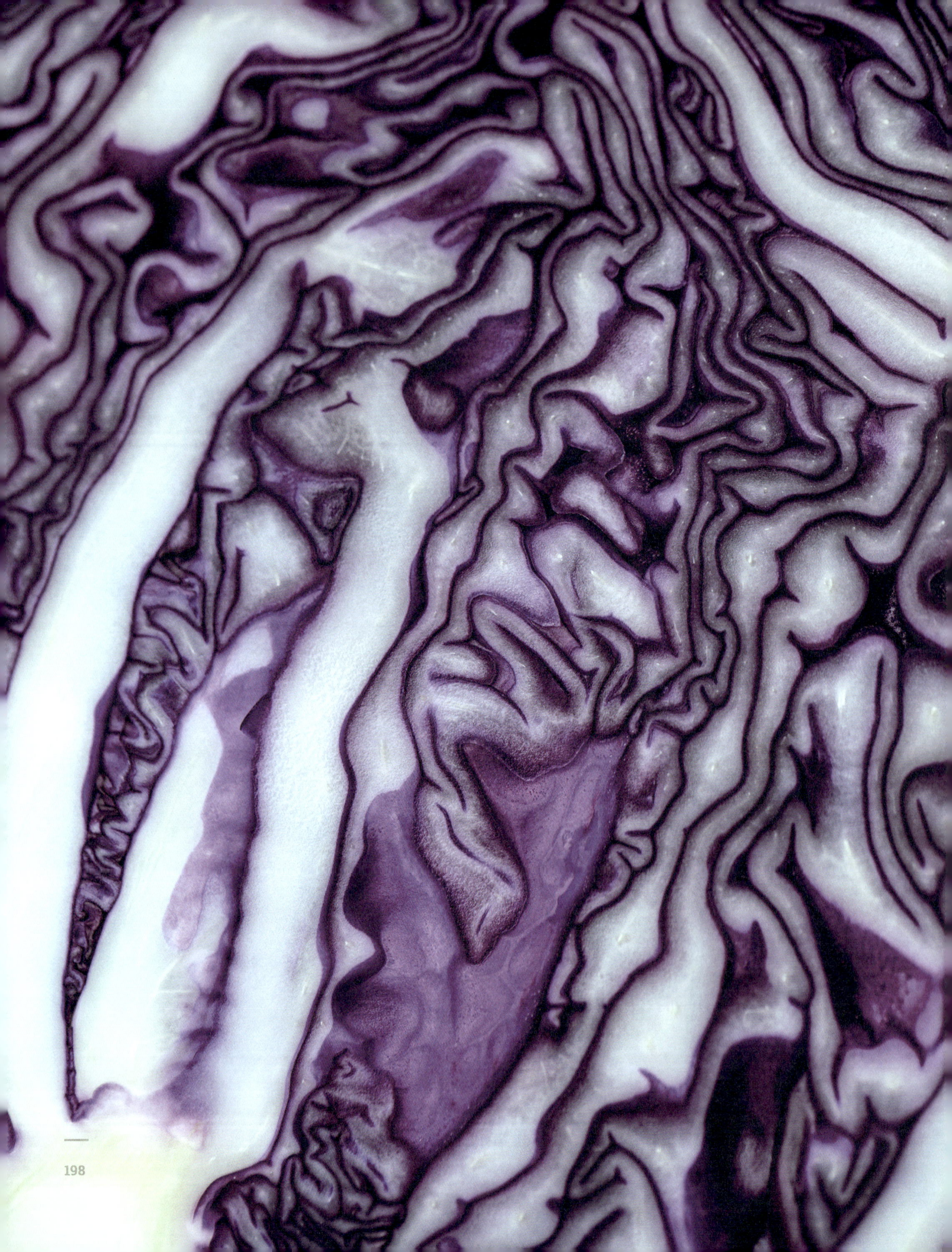

REGISTER

Buchbesprechung
8.30
9
10

REGISTER

Rezepte und Texte: **Doris Berger**
Grafische Gestaltung: **Jürgen Lauthner**
Fotografie: **Catherine Roider**
Set-Design: **Doris Berger und Catherine Roider**

Bildnachweis:
Portraits S. 209 **Tom Mesic**
Fotos S. 40, 60, 61, 75 rechts, 76, 106 unten **Doris Berger**
alle anderen Fotos **Catherine Roider**

DANKE, GUT WAR'S

–

... darf ich aufsteh'n? Ein bisschen so ist mir zumute, jetzt, wo die Arbeit an diesem Kochbuch beendet ist. Aber nein, ich bleib noch ein wenig sitzen, trinke einen Espresso – wie meistens nach einem guten Essen – und notiere, was mir in diesem Moment am Herzen liegt.

Ein Kochbuch wie dieses in so kurzer Zeit auf die Beine zu stellen, erfüllt mich mit großer Dankbarkeit. Zugegeben, ein wenig Stolz ist auch dabei, insbesondere auf unser kleines, feines Team.

Jürgen Lauthner. Mit feiner Klinge weißt du meine Ideen, manchmal noch Hirngespinste, zu übersetzen, bevor ich diese zu Ende gedacht, geschweige denn ausgesprochen habe. Als Art Director sprichst du eine Sprache, die sich allen Worten entzieht. Deine Arbeit und mit dir zu arbeiten – ein Genuss! Ich bin dir unendlich dankbar.

Catherine Roider. Als Fotografin zauberst du mit Licht, als Künstlerin arrangierst du Teile zu einem einzigartigen Ganzen, als Designerin jonglierst du mit Farben und Formen. Jedes Bild ein Kunstwerk und unser harmonisches Arbeiten ein großes Vergnügen mit vielen wertvollen Momenten. Ich danke dir.

Zum guten Gelingen in und rund um die Küche haben etliche helfende Hände beigetragen: Mama, du bist sowieso die Beste, aber dass du den köstlichen „Sieme-neine-öfe" gleich mehrmals für uns gebacken hat, damit wir beim Fotografieren mit Süßem versorgt sind, das war wunderbar. Ohne deine vielen Rezepte wäre ich als Köchin sowieso verloren! Dieter, du kochst „mein Henderl" inzwischen schon öfter als ich – und es wird mit jedem Mal besser. Die Hendlherzen tragen deine Handschrift, wie so vieles, was in unserer Küche entsteht. Barbara, danke für deine spontane Unterstützung hinter der Kamera – es war köstlich mit dir! Auch der Schokokuchen. Danke fürs Stöbern, Suchen und Finden von immer noch mehr Geschirr, Tischwäsche, Besteck und anderen Kleinigkeiten an Mama, Catherine, Jürgen und Erich sowie dir, Tom, für das lustigste Portraitshooting aller Zeiten. Dieses Kochbuch wäre nie entstanden, wäre da nicht Manfred Kumers große Begeisterung für meine Buchprojekte. Dir und Sasa Stepanovic danke ich für euer großes Vertrauen in mich – als Autorin und Verlegerin. Es ist mir eine Ehre, für und mit euch zu arbeiten.

Dieter, Moritz und Sebastian. Ihr habt in den letzten Monaten nicht nur mit einer in ihrer Freizeit ständig gärtnernden, sondern darüber hinaus auch kochenden und schreibenden Partnerin und Mama leben müssen. Auch wenn das kulinarische Ergebnis etwas zu trösten vermochte, ihr hattet viel Geduld und Verständnis für mich. Dafür und dafür, dass es euch gibt, bin ich zutiefst dankbar, meine Lieben!

So, und wer räumt jetzt den Tisch ab?
Na gut, ich mach's, hab ja jetzt Zeit.

Die Autorin

–

doraberg.at
brandconcept.at

–

Instagram: dora_berg
Facebook: Doris Berger
#dorabergkocht
#gärtnerinnenstolz

Doris Berger

ist Unternehmensberaterin und führt eine kleine Werbeagentur mit Fokus auf strategische Markenberatung. Im eigenen Verlag veröffentlichte sie bisher fünf Kräuterbücher sowie die Kochbücher „G'sund und g'schmackig", „Kostbar und köstlich" sowie „Frisch und fein". Bereits während ihrer Schulzeit hat sie ihre Liebe zur Natur, zum Gärtnern sowie ihre Leidenschaft fürs Kochen entdeckt. Mit ihrem Partner und den beiden gemeinsamen Söhnen lebt sie in einem Haus mit kleinem Garten und großer Küche am Stadtrand von Linz, Österreich.

Der Grafikdesigner

–

lauthner.com

–

Instagram: lauthner_com
#lauthnercom

Jürgen Lauthner

arbeitet seit vielen Jahren als selbständiger Grafikdesigner für Werbung und Industrie. Zahlreiche, auch internationale Auszeichnungen zeugen vom hohen Anspruch an Layout, Typografie und bildliche Umsetzung. In den gemeinsamen Buchprojekten vereint er sein Feingefühl, die Liebe zum Detail, seinen erzählerischen Zugang in der Konzeption und natürlich die Freude an gutem Essen.

Die Fotografin

–

catherineroider.at

–

Instagram: catherine_fotografie
#catherineroiderfotografie

Catherine Roider

war zunächst etliche Jahre als Grafikdesignerin in Werbeagenturen tätig, bevor sie sich beruflich aufs Fotografieren fokussierte. Ihre Erfahrung aus den unterschiedlichsten Arbeitsbereichen, aber auch ihre Tätigkeit als Künstlerin prägen die gemeinsame Arbeit an den Buchprojekten. Sie finden sich einerseits im lockeren, reportageartigen Zugang zur Foodfotografie und andererseits im sehr grafischen Stil ihrer Bilder.